U0032009

星座小熊
BluesBear
© Starring Ideas Inc.,Ltd.

第一本星座書

射手座
直球對決好歡樂

作者◎
FB 粉絲 70 萬的人氣插畫家
星座小熊
暢銷星座書作家
曾新惠

今夜星光燦爛

星座之於人生，就像一道又一道的美食——

有時你會因為溫暖味蕾的甜味而感覺幸福滿溢，有時你會因為嗆衝腦門的辣味而涕淚齊發，有時你會因為直入心底的苦味而五官扭曲，有時你會因為刺激強烈的酸味而起雞皮疙瘩……這些五味雜陳，就像星座顯現的人生滋味，隨時在你心中發酵、迴盪。

某一段時間，你可能手氣大順、得意忘形，此時，就會有帶著考驗、壓力、限制意義的星星，現身來平衡你高張的氣燄；某一個時刻，你可能挫折不斷、失意沮喪，此時，就會有帶著幸運、慈愛、溫暖意義的星星，現身來平衡你低落的信心。

星光閃閃，每一顆星都有屬於自己的特質和使命，它們看似不相干，卻緊密相連，交織出一張張精彩美麗的人生星圖，猶如這世上變化萬千的各種滋味，總是讓人百般回味，心神滿足！

目錄・CONTENT

射手與各星座的美味關係

◇◇◇◇◇◇◇◇◇◇ 星座八卦站 ◇◇◇◇◇◇◇◇◇◇

射手與各星座的愛情協奏曲

◇◇◇◇◇◇◇◇ **星座八卦站** ◇◇◇◇◇◇◇◇

12 種上升星座，12 種射手

怎麼辦？射手～

◇◇◇◇◇◇◇◇ 星座八卦站 ◇◇◇◇◇◇◇◇

PART 1

說到射手座

以最完整的分類方式,

掃描一遍射手的各項基本資料,

讓你快速掌握射手的關鍵特質。

射手速寫

生日： 11/22~12/21

符號： ♐

英文： Sagittarius

守護星： 木星

守護神： 宙斯（希臘）‧丘比特（羅馬）

性質： 陽性

屬性： 火象星座

宮位： 第 9 宮

宮位性質： 變動宮

代表詞彙：我追求

數字：9

星期：星期四

顏色：黃色

花朵：天堂鳥

寶石：琥珀

材質：錫

物品：運動或旅行用品

身體部位：大腿

偏愛場所：旅遊博覽會、運動場、具異國情調
的餐廳

優點：樂觀、行動力、正直、交遊廣闊、樂於助
人、有理想

缺點: 容易得罪人、不夠穩重、粗枝大葉、缺乏耐性、太隨興

性格原罪: 誇大

契合星座: 牡羊、獅子

對立星座: 雙子

緊張星座: 處女、雙魚、金牛、巨蟹

中立星座: 天秤、天蠍、摩羯、水瓶

◇ 神話由來

　　一群半人半馬的怪物,凶暴殘酷如野獸,但其中一個叫齊倫的,卻善良、有智慧,又長生不死。某天,英雄海格利斯與怪物們發生爭鬥,不小心誤傷了在一旁觀戰的齊倫,齊倫痛苦不已,且自知傷勢不可能痊癒,便請宙斯賜死,以求解

脫。另外，齊倫還將自己的不死之身，傳給為人類受苦刑的普洛米修斯，讓普洛米修斯重獲自由。從此，半人半馬就被形象化地置於天上，成為星座之一。

◈ 愛情觀

愛神的箭從來不曾離開這顆熱情的心，桃花朵朵開、處處開，只要一見獵物蹤跡，立刻展開行動，也不管自己是自由之身，還是已有情感牽絆，一生追隨的都只是「自由意願」，而非「責任道德」。

◈ 人際觀

無論走到哪裡或遇到什麼樣的人，都可以很快地與人交成朋友，十分隨和樂天，是天生的人來熟；認為每個人都有可取之處，所以只看他人

好的一面，真摯坦白、開朗、有活力，知己滿天下。

◈ 金錢觀

　　喜歡工作一段時間後，休個長假，藉由玩樂的方式把錢花光，然後再重新投入工作，而且沒有儲蓄的概念，十分樂天。投資方面，熱愛各種投資工具，即使一直都沒賺到什麼錢，仍玩得不亦樂乎。

◈ 工作觀

　　愛玩樂甚於工作，但工作無法躲避，只好寓工作於娛樂，盡量從工作裡找樂趣、從同事裡找玩伴，拚命想辦法製造歡樂笑料，這麼一來，不僅自己不會有度日如年的感覺，也能贏得良好的職場關係。

◈ 職業

旅遊業、外交人員、空服員、教授、移民代辦業、律師、出版業、貿易業、文學家、學術研究、運動員。

◈ 名人代表

男性：朱自清、胡適、李小龍、張菲、黃仲崑、五月天阿信、吳慷仁、黎明、李克勤、黃磊、張家輝、易烊千璽、貝多芬、馬克吐溫、卡內基、邱吉爾、華特迪士尼、史蒂芬史匹柏、布萊德彼特、Jay-Z、松下幸之助、反町隆史、妻夫木聰、高橋一生、羽生結弦、朴敘俊、李政宰。

女性：況明潔、孫翠鳳、王彩樺、林志玲、楊謹華、徐佳瑩、方宥心、郭婞淳、周海媚、劉嘉玲、那英、小甜甜布蘭妮、泰勒斯威夫特、滿島光、松雪泰子、高畑充希、宋慧喬。

一天一種射手座

11月22日

　　有良好的判斷力，而且下決定既快速又果決，讓人覺得爽快俐落、衝勁十足，唯一要注意的是別衝過了頭，讓反作用力傷了自己；喜歡畫大餅、說大話，八字都還沒有一撇的時候就敲鑼打鼓，急著昭告天下，讓人感覺不夠穩重成熟，只有躍躍欲試的心，卻沒有執行的實力。

11月23日

　　對於事情的發展總是過於理想化，對於未來的可能性總是太樂觀，以致於常常在準備不足的狀況下就出征打仗，失敗率當然居高不下；誠懇

正直、熱切坦率，擁有討人喜歡的性格，雖然偶
爾會因為粗枝大葉而惹出一些麻煩，但不影響印
象分數，反倒讓人覺得真誠可愛。

11 月 24 日

　　酷愛旅遊的奔放自由，品嚐哲學的深奧意涵，
感受朋友的真切熱情，人生觀比誰都要豁達，好
像幸運之神隨身而侍，極少有悲傷痛苦的時刻；
沒耐心，面對壓力時易顯得煩躁，對於倫常道德、
秩序規則、責任承擔等世俗標準不以為然，認為
自己的風格才是王道。

11 月 25 日

　　很害怕停滯、落後，那感覺就像生命變成一
灘不流動、漸漸發臭的死水，一定要不斷地感受

各種截然不同的氣氛，才能活化心靈，感到滿足；
想的和說的不協調、說的和做的有距離，應加強
個人的整合能力。

11月26日

　　只會往前看，不會往後看，受過的教訓很快
就忘得一乾二淨，自省能力弱，所以總是在相同
的地方跌倒，甚至連跌的姿勢都一樣，真是令人
覺得沒轍；自然坦蕩，不拘小節，無論遇到什麼
類型的人、場合或環境，都能立刻完全投入，而
且毫無隔閡，簡直神乎奇技。

11月27日

　　表達時的渲染力很強，能在最短時間吸引眾
人的注意力，但是說多了便流於誇張不實，久而

久之，說服力降至最低，反而變成一齣變了調的戲碼；有用不完的精力，喜歡運動和旅行，熱情有勁。

11月28日

自尊心很強，聽到別人的批評或斥責時，表面上不以為意，其實內心受傷頗重；人生路上遇到貴人的機會很多，每每眼看幾乎已到回天乏術的境地，千鈞一髮之際，卻又起死回生，際遇令人嘖嘖稱奇。

11月29日

喜歡無邊無界的自在感，只要有一絲限制的意味就會立刻逃開，愛現、敢秀，開朗熱情，多才多藝，能為大家帶來歡樂；毅力不足，決心不

夠，在職場上容易給人虎頭蛇尾、不負責任、言行不一的印象。

11月30日

貪玩的意圖十分明顯，不切實際，滿腦子想的不是如何做少玩多，就是各種走捷徑的方法，做事不夠腳踏實地，讓人無法委與重任；熱情、有活力，無論環境條件如何改變，永遠對未來充滿希望和期待，而且感染力十足，能為旁人帶來快樂幸福的感覺。

12月1日

有理想，有自己的堅持，總是正向思考，雖然穩定性還有待加強，但基本條件很好，身旁的貴人也多，成功機率比大部分人都高；講話很直，

神經大條，已經刺到別人痛處還沒知覺，令人為之氣結。

12月2日

大方，好客，喜歡交朋友，最有興趣的事就是呼朋引伴到處去玩，覺得人生開心最重要，實在沒必要花時間想痛苦的事；對投資很有興趣，但在專業知識不足的狀況下，失敗率極高，應小心謹慎。

12月3日

哲學思考能力極強，做事不急躁、不莽撞，有高度的研究精神，凡事喜歡慢慢體會和理解，重品質多過於效率，受不了被時間追著跑的壓力感；對於他人提出的要求，不加思索就隨意承諾，

亂開空頭支票，最後沒有一個做得到，信用破產，形象大扣分，只能說咎由自取。

12月4日

具強烈的冒險精神，覺得這世上所有的人事物都新鮮好玩，每天都以玩樂的心情生活著，開朗樂觀、活力充沛；無法適應規律、限制的生活，喜歡自由自在，不願承擔責任，讓人留下光說不練的負面印象。

12月5日

具有強烈的宗教情懷，即使自己身上背負著苦難和重擔，仍會想辦法伸手援助需要幫忙的人，待人友善，正直慈悲；只做自己喜歡的事，而且沒有進度和計畫，隨興而至，因此經常會給他人

帶來麻煩。

12月6日

　　思慮不周，想到什麼就做什麼，疏漏錯誤是常有的事，但自己卻顯得一派輕鬆，不以為意，反倒是旁人老覺得捏一把冷汗，看了直搖頭；大膽，勇敢，行動力強，衝鋒陷陣，十分適合開疆闢土的計畫。

12月7日

　　有強烈的追知精神，平時喜歡打馬虎眼，一副遊戲人間的悠哉模樣，但只要一遇到和研究學問有關的事物，立刻變得認真專心，像一個腦袋裡有挖掘不完的寶藏的老學究；最怕碰到麻煩事，一看到細緻、繁複、慢功出細活等這類的字眼，

立刻投降，連嘗試的興趣都沒有。

12月8日

　　平時待人和善，但若遇到看不順眼的事，性情可能在一瞬間衝上最高點，讓人見識到什麼叫十足的爆發力；積極、智慧、有膽識，具備成功者的多項條件，如果能再調整一下衝動的毛病，就更完美了。

12月9日

　　具有文學與藝術方面的天賦，但仍需加上後天的努力，才能展現令人滿意的成績，勤於練習絕對是成功的不二法門；空有正義感，卻沒什麼擔當，一有問題就先落跑，最後只能留下說說而已的負面印象。

12月10日

　　浮躁、浮誇、浮動，給別人的整體感覺就是不安份、不安定，無法久坐或固定在某個範圍裡，一定要起身到處走走晃晃，否則會渾身不舒服，甚至莫名地暴躁起來；學識豐富，興趣廣泛，人生觀十分正向，偶爾會顯露出一點侵略性，但因為持續力不足，結果往往令人失望。

12月11日

　　做事不牢靠，無法讓人安心，從來不知道什麼是循規蹈矩，更不懂什麼叫負責任，想做就做、想玩就玩，自己很快樂，合作夥伴很痛苦；喜歡鼓勵、讚美別人，即使只是喊口號，聽者也覺得窩心舒服。

12月12日

　　不強迫別人，不喜歡給人壓力，尊重對方的想法和觀念，如同希望得到他人給予適當的空間一樣，無法過規律的生活，強調的是亂中有序、錯中有哲理的風格；說話很直接，自以為率真坦白，其實已到了言語粗魯、沒禮貌的地步，應該重新檢視一下自己的表達能力。

12月13日

　　脾氣來得急也去得快，讓人有一種迅雷不及掩耳的錯愕感，雖然給人的印象不算差，但情緒表達方式的落差，有時倒真是讓人難以適應；坦率、活躍、思想開明，絕不放過任何接觸新奇事物的機會，具有強大的開創力，彷彿在激昂熱情的樂曲中快樂前進，前途似一片光明。

12月14日

　　沒什麼金錢概念，對賺錢也不太積極，錢財總是左手進、右手出，甚至常有入不敷出的情形發生；熱情、有活力，對任何事都感到好奇，學習力和理解力都很不錯，但要想辦法克服耐力不足的問題。

12月15日

　　永遠有用不完的精力，從來不會有顯露疲態的時候，對人有正面的感染力，但要注意說話不要太直接，以免傷人而不自知；具開創性和行動力，可惜缺乏周全的事前計畫，往往使得成功率大減。

12月16日

　　喜歡和大夥兒在一起聊天哈啦的熱鬧氣氛，對群體生活的適應力極強，但也能一個人浪跡天涯、到處旅行，能靜能動，用心感受人生的各種面向，具有哲學家精神；自己說過的話，常常忘記，自己許的承諾，常常耍賴，讓人覺得不夠內斂穩重，而且沒有責任感。

12月17日

　　為人海派，對人大方，樂於分享，而且不分親疏貴賤，一視同仁，重視精神甚於物質；具悲天憫人的宗教情懷，但不至於濫慈悲，能運用宗教之理引導人性向善，讓人減輕痛苦、溫暖感動、懷抱希望。

12月18日

事實進行到某一個階段，若發現狀況不如預期得好，就立刻轉移目標、撒手不管，也不好好善後，留下爛攤子讓別人頭痛，沒有責任感；很相信別人，覺得懷疑、猜忌是很累人的事，所以乾脆採取完全信任的態度，即使因此被騙，也只是一笑置之，並不會改變初衷。

12月19日

對朋友忠實，對人生樂觀，對未來充滿希望，好像從不曾有什麼煩惱，是大家的開心果，即使深陷困頓，還是願意正面思考，不怨天尤人；下決定時總是衝動，一而再地犯錯、受傷，卻仍無法記取教訓。

12月20日

　　腦筋動得快，即使是陌生領域，也能很快進入情況，衝勁十足，對所有未知的事物都感興趣，生命力旺盛；說話不經大腦，在別人傷口上灑鹽還笑得樂不可支，雖非有意，但傷害已造成，終會自食惡果。

12月21日

　　善良、樂於結交各種朋友、愛旅行，但受挫力不高，又沒耐心，只要稍一踢到鐵板就選擇放棄，很難堅持到底地完成一項任務；很會鼓舞士氣、安慰別人，腦子裡裝的都是開心的事，生活快樂自在。

PART 2

遇見 4 種血型的射手座

星座和血型就像連體嬰，

談到星座，免不了要把血型拿出來講，

那麼，乾脆就讓它們大合體，

擦出更眩目的火花吧！

🐷 A型射手

　　射手思想開明、行為奔放、樂觀幽默，一輩子都在忙著玩樂和旅行，不管狀況再怎麼糟糕、問題再怎麼棘手，仍然對未來滿懷希望，對「煩惱」這兩個字很陌生；A型悲觀主義者，對於過去的回憶，總覺得傷感的比快樂的多，對於現狀，老是覺得缺少了什麼，無法真正滿意，對於未來，不是擔心、就是惶恐，給人灰暗憂鬱的印象。

　　射手對於承諾的定義是，當場先答應下來再說，至於到底需不需要實踐，則視實際發展的情況而定，如果太麻煩或太困難，隨時都可能選擇放棄；A型認真踏實、誠摯懇切，除了總是能按照時程把份內該做的事一一完成之外，答應他人的事，也絕不推拖、耍賴、漠視，是一個值得被信任的人。

射手對什麼事都滿不在乎的瀟灑性格，一旦遇到謹言慎行的 A 型，必然有所收斂，雖然不可能突然判若兩人，變成一個百分之百負責，且穩重自持的人，但起碼會被旁人嘮叨指責的事會減少很多。

　　A 型射手不管在事件的一開始，展現多麼驚人的熱情與高度的興趣，卻都撐不了多久，即刻宣告放棄。持續力不足是性格的一大缺失，就算有幸遇到大好機會，在始終走不到終點、極可能半途而廢的魔咒之下，最後也只能拱手讓人，徒留遺憾。

　　A 型射手對人和善、熱心合群，願意拿出最大的誠意配合大家，在群體中若有人發生不愉快，也會主動出面協調緩頰，而且不計較、不藏私、樂於與人分享，人緣極佳。

　　A 型射手的思考邏輯有一種說不上來的怪異，

跟大部分人都不太一樣，讓人覺得無厘頭，例如平時雖然不拘小節，但卻很在意某些幾乎沒有人會注意的小地方，或是跟著大家狂歡慶祝，情緒正飛揚高漲時，突然湧現一陣孤獨感，想要一個人靜一靜……諸如此類，內心衝突、心情急轉直下的情形，時而發生。

A型射手時而果決、時而猶豫，時而貼心，時而散漫，性格沒什麼一致性，連自己都常覺得無所適從。

A型射手之最

- ✪ 最熱心助人
- ✪ 最衝突
- ✪ 最搞不清楚狀況
- ✪ 最無法堅持

B 型射手

　　射手精力旺盛，可媲美電力超級持久的金頂電池，行動力強，好比隨時待命的戰馬，全身上下的細胞活蹦亂跳，天天高掛晴天娃娃，似乎這世界沒有黑暗，永遠充滿希望；B 型隨興自在，可以與人同樂，也可以獨自享樂，開心快活的動力不必來自外力或旁人，只要腦筋動一動、眼睛轉一轉，就能想出好玩的點子，生活多彩多姿。

　　射手為人爽快開朗、坦白率真，凡事開心就好，遇到玩樂的事，一馬當先、當仁不讓，遇到需要負責任的事，裝聾作啞、先溜為快；B 型反應快、敏捷靈活，即使接觸陌生事物，也能迅速進入狀況，即便遇到複雜問題，也能很快直指核心，可惜的是意志不堅，老是虎頭蛇尾，最後不了了之，之前的努力化為烏有。

射手無論做什麼都要快快快，好像接著還有很多事等著去完成，其實，根本是擔心玩樂的時間被剝奪，只好拚命地趕，而這一點倒是和 B 型臭味相投，兩者的結合可說是「玩遍天下無敵手」，盡情盡性、奔放自在、毫不客氣的態勢，無人能出其右。

別以為 B 型射手沒出現在好學生排行榜，就妄下不夠聰明的論斷，實際的真相是，B 型射手厭惡教條、痛恨制度，而且很清楚知道自己守不了規矩，當不了乖乖牌，所以乾脆放牛吃草，把心力都放在真正有興趣的事物上，不再勉強自己，開心自在。

B 型射手平時很愛和各種不同領域的人交朋友，生冷不忌，男女老少通吃，而且可以才認識三天卻像認識了三年，不管走到哪裡都有辦法呼朋引伴，看是要同樂狂歡，還是聊天打屁，隨時奉陪。

有些人覺得 B 型射手天真直率，像孩子一般單純可愛，有些人覺得 B 型射手白目自我，不夠關心體貼別人，這是一體兩面，也是讓人際關係呈現兩極化發展的主因。

　　B 型射手對於嘗鮮有著高度的渴望，所以藉由快速汰舊換新，來滿足永遠填不滿的好奇心，然而有得必有失，在忙著追逐第一手資訊的同時，也就忽略了陳年醇厚滋味的感動。

B 型射手之最

✪ 最喜歡交朋友

✪ 最我行我素

✪ 最突發奇想

✪ 最樂觀

O型射手

　　射手一向快人快語，想到什麼說什麼，被大家認定是一個沒心眼的直腸子，感覺率真大方，但若遇到心思細膩、情感脆弱的人，可能傷及無辜還不自知，自以為幽默風趣，對方卻早已中彈倒地；O型雖然熱心豪爽、正直自信，但脾氣急躁，只要一看不順眼就立刻開罵，六親不認、毫不客氣，容易給別人帶來情緒上的壓力。

　　射手的正面感染力極強，是群體中的開心果，好似一團燃燒不盡的烈火，永遠璀璨晶亮，無時無刻散發著溫暖、開心、光明的朝氣，可對他人發揮鼓舞作用，是典型的樂觀派代表；O型勇敢果決，行動力強，是天生的領導人才，可帶領大家突破萬難，直奔成功之境。

　　射手和O型屬於同一類型的人，都十分有衝

勁，也常很衝動，都熱心助人，也常對別人發火，都直來直往，也常被說是沒禮貌，總之，兩人都是坦白誠懇，但沒什麼耐心的人。

無論要處理什麼事，最好只要一或兩個步驟就能完成，否則即使背後有多麼巨大的利益支撐，O 型射手還是會選擇放棄，實在懶得花太多心思和力氣在同一件事情上，覺得很浪費生命，還不如把時間拿來和朋友聊天哈啦，或是四處去遊山玩水，愉快自在，享受人生。

O 型射手天不怕、地不怕，遇到挑戰，意志更堅決，遇到威脅，態度更強硬，不到最後一刻，絕不把頭低下，勇敢得令人敬佩。但 O 型射手有時玩得過火，也不管到底適不適合，非要把這樣的標準硬套在他人身上，讓人覺得很不舒服，印象分數因此大打折扣。

O 型射手喜歡多聽、多看、多聞，更喜歡對

大家講道理，雖然這些道理的定義未必和大多數人一樣，卻毫不影響 O 型射手的發表欲，總是逢人就高談闊論，像個傳教士，熱心無比。

O 型射手熱愛生命，有自己的理想抱負，對未來永遠懷著無窮的期待，即使當下嘴裡吃的是粗茶淡飯，身上穿的是破褲舊衣，平時住的是擁擠小屋，但心裡的希望之火從不熄滅，相信自己終有一天能達成夢想，是一個無可救藥的樂天份子。

O 型射手之最

- ✪ 最沒耐心
- ✪ 最不懂人情世故
- ✪ 最粗心大意
- ✪ 最有肚量

AB 型射手

　　射手天生誇大隨興、灑脫豪邁，活得沒什麼負擔，凡事開心最重要，別人面對壓力和責任時，頭痛不已、精神崩潰，但射手卻可以視若無睹，轉頭就忘得一乾二淨，繼續享受愉悅的人生；AB 型心裡在乎名利成就，但嘴巴上卻頻頻否認，常常口是心非，是一個情緒矛盾衝突、把自己的人生過得很累的極端者。

　　射手愛好和平、愛好自由、愛好哲理，看事情的角度十分宏觀，絕不會小鼻子小眼睛地鑽牛角尖，願意聽聽不同的聲音，也尊重他人的看法，但極少受影響，有自己的人生目標和準則；AB 型擔憂的事情很多，深怕稍有不慎便毀了一切精心的布局，表面堅強獨立，其實內心脆弱孤獨，是一個高 IQ、低 EQ 的人。

射手樂於學習的心，因為 AB 型的求知欲，而顯得更加熱切；射手的粗心大意，因為 AB 型的深謀遠慮，而有了改善的成效；射手的包容寬大，因為 AB 型的敏感猜忌，而變得不那麼大器。兩者的組合，有令人欣喜的優點，也有讓人不太習慣的缺失。

AB 型射手看似聰明，其實最常發生是非不辨、識人不清的狀況，因為耳根子軟，而且慣於同情弱者，所以特別容易被圖謀不軌的有心人士利用，經常吃悶虧，卻又學不了乖。

AB 型射手對事物的觀察角度，以及對問題的瞭解深度，總是與一般人不同，既深刻、悠遠又宏偉，且照顧到的層面很廣，將來自四面八方的相異元素，加以融合交錯，發揮到極致，便成了獨特深遠的哲理，讓人懾服，更感覺受用無窮。

AB 型射手正義感十足，但絕非有勇無謀地胡

亂爭取權益公道，而是客觀分析和理性要求，有時或許會因此讓人覺得些微的強勢，不過，路遙知馬力、日久見人心，時間是最好的證明，慢慢地，大家自然能感受到 AB 型射手的真心誠意。

AB 型射手總是讓人覺得既貼心又開心，是一個兼具傾訴心聲、發洩情緒、商量討論、緊急救援等多項功能的良師益友。

AB 型射手之最

- ☆ 最受朋友歡迎
- ☆ 最哲學
- ☆ 最具有宗教情懷
- ☆ 最易不辨是非

12 星座最怕哪些事？

牡羊 最怕沒搶到第一，最怕依賴別人，最怕無聊。

金牛 最怕變動，最怕沒有美食，最怕沒錢。

雙子 最怕資訊落後別人，最怕一成不變，最怕拖太久。

巨蟹 最怕沒依靠，最怕冒險，最怕緊急狀況。

獅子 最怕沒面子，最怕安靜，最怕冷清。

處女 最怕失序，最怕髒亂，最怕被指責。

天秤 最怕沒朋友，最怕沒人陪，最怕失態。

天蠍　最怕沒隱私，最怕沒權威，最怕被背叛。

射手　最怕給承諾，最怕被限制，最怕愛計較。

摩羯　最怕速度太快，最怕不受尊重，最怕不確定。

水瓶　最怕沒自由，最怕守舊，最怕太感性。

雙魚　最怕壓力，最怕被規定，最怕被要求負責任。

PART 3

射手與各星座的美味關係

當射手與各個星座碰在一起，

會產生什麼化學變化，

能變出什麼美妙的人生滋味呢？

你也來嚐嚐吧！

射手 VS 牡羊

關係指數 ★★★★★

特調滋味 香辣夠味

秘密武器 共創高峰

　　牡羊心中坦蕩，無愧天地，做人做事光明磊落，天不怕地不怕，把冒險犯難當成一種體驗人生的享受，對於貧乏單調的恐懼更甚於受傷挫敗，不願用循規蹈矩來換取安全，寧可接受挑戰、對抗強權，非要把自己弄得渾身是傷，才覺得符合熱情勇敢的英雄主義。

　　每每面對一件事，從決定、執行到結束，只能用風馳雷行來形容，急得不得了，屬於趕死人不償命的衝動派。好奇心強，對自己有興趣的事物，全心投入、全力以赴，反之，則絕不勉強自

己，甚至連正眼瞧一眼都懶得，對於喜惡的反應很極端。

企圖心強，信心滿滿，凡事都想搶第一、拔頭籌，相信只要是自己想得到的，一定能達陣成功，沒有輸的理由，只有贏的希望，隨時隨地抱持的信念都是積極樂觀和永不言敗。

射手做什麼事憑的都是一股勁兒，腦子裡從不曾出現三思、規畫、從長計議這類的名詞，手腳的速度不僅和思考速度一致，有時還甚至超越，所以才有快人快語、超級行動派的稱號。牡羊的性格特質也是一個「快」字，明明還沒想好下一個行程要做什麼，卻一定要以最火速的進度完成手上的事情，雖然讓人感覺身手俐落，但有時還真有一種不知道在趕什麼、忙什麼的錯愕感。

射手遇到牡羊最開心的事就兩人可以一起瘋、一起玩、一起快嘴快速快活，說話沒遮攔也無所

謂，做事三分鐘熱度也沒人管，只要一方提出的意見，另一方都會全力配合，不但行動一致，而且溝通暢快無礙，真是一對渾然天成的好麻吉。

◈ 如何調出兩人的美味關係？

兩人的契合度是百分百，一方只要眨眨眼，另一方就知道意思，是靈魂伴侶，也是精神支柱，更是可以同甘苦共患難的知心好友，不必多說就能心領神會，無論在一起做什麼都覺得開心自在，而且理念和價值觀一致，即使偶爾發生意見分歧的狀況，也很快就能取得共識，並尋得解決之道，互動關係十分完美。

射手 US 金牛

關係指數 ★★★

特調滋味 苦中帶酸

秘密武器 親疏分明

　　金牛喜歡看得到、摸得到的具體實物，因為真實的擁有能帶來安全感，不必為虛幻或充滿變數的未知空等，已經握在手上的才算得上是資產。做人可靠，做事穩重，待人和善客氣，對自己的技能和才華有信心，但不會喧嚷自誇，強調以實績服人。

　　動作緩慢，按部就班，重視計畫，一旦處於快速多變的狀態，會有幾近心臟病發的不適感，對於周遭一切變化完全來不及消化和反應，容易造成沮喪和挫敗感。觀念保守，思想刻板，不敢

冒險，也不想嘗鮮，覺得規律安穩的生活即是最大的快樂。

喜歡吃美食和具美感的事物，平時節儉成性，每花一分錢都要再三斟酌，但會為一次豐盛的大餐或一件嚮往已久的昂貴物品實行存錢計畫，只要一存夠錢，便毫不猶豫地買下，享受自給自足的踏實感。

射手對看到的、聽到的、摸到的、感覺到的任何事物都有探索興趣，好奇心和行動力都十分強烈，就像一隻脫韁野馬似的，除非射手自己願意停下腳步，否則根本沒人抓得住、管得了，是一個典型的樂觀主義者。金牛只接觸自己熟悉的領域，將未知的世界視為洪水猛獸，絕不會冒險嘗試，無論做什麼事都只考慮安全與否，其他一概不重要，是一個標準的保守主義者。

射手覺得金牛枯燥乏味，每天說相同的話、

吃相同的食物、做相同的工作，了無新意，而金牛則覺得射手總是把話說得太誇張、把夢做得太巨大，卻沒有具體成績，實力有待商榷。射手和金牛不僅性格迴異，彼此亦毫無信任感可言，實在很難期待能擦出什麼美麗的火花。

◈ 如何調出兩人的美味關係？

對於對方的神情態度與處事風格，十分不以為然，甚至鄙視不屑，總覺得自己什麼都比對方好，只要有一方說一句話或做一個動作，另一方立刻就表現出不耐煩、不苟同的嘴臉，互看不順眼。但是，冤冤相報何時了，這時候反而應該用更多的愛與耐心，包容對方，檢討自己，才有可能化干戈為玉帛，轉負為正，創造雙贏的局面。

射手 VS 雙子

關係指數 ★★

特調滋味 甘苦交混

秘密武器 尊重對方

雙子的想法千變萬化，手腳爽利明快，全身細胞永遠都處在活躍跳動的狀態，就連睡覺做夢都能想出令人拍案叫絕的新點子，生活有趣精采。辯才無礙，善於交際，什麼話題都能聊，什麼人都能相處融洽，但大多口頭之交，對於累積情誼並沒有幫助。

對於訊息的蒐集、處理和傳遞能力，無人能及，好聽的說法是人人崇羨的資訊達人，但較貼近事實的稱號應該是唯恐天下不亂的八卦王，整天穿梭在如槍林彈雨的大小資訊之間，不但不覺

得紛亂煩擾，反而有一種蓬勃生動的趣味，不亦樂乎。

遇到該負責任時，不是插科打諢混過去，就是用裝死的方式逃避，不是一個有承擔力的人。做事只有三分鐘熱度，過了興頭就棄置一旁，也不管完成程度如何，很難老老實實地做好一項任務。

射手雖然愛玩、愛說笑、愛東奔西跑，看似一個沒內涵的跳樑小丑，但其實射手對於鑽研學問，不僅有高度的熱忱，而且深究入裡，被公認是才高八斗、學富五車的學者型人物代表。雙子的學習力、求知欲和射手一樣強烈，只不過雙子追求的是輕薄短小的廣泛知識，而射手研究的則是紮實飽滿的高深學問。

當射手剛遇到雙子時，兩人或許會覺得相見甚歡，很容易越聊越起勁，十分過癮，但就在情

緒高漲的顛峰時，「啪！」地一聲，連繫兩人之間的感覺之線卻突然斷了！原來，射手終於發現雙子實力不足的缺點，而雙子也已經沒耐心聽射手長篇大論，於是，一向敏捷快速的雙方立刻決定分道揚鑣，各尋出路，各自快活，毫不留戀。

◇ 如何調出兩人的美味關係？

雙方的關係是既衝突矛盾，又掙扎拉扯，好像只要兩人同時存在一個空間裡，氣氛就變得不對勁，不是雞飛狗跳，就是僵持不下。其實，彼此的狀態就像蹺蹺板，一邊高的時候，另一邊就必須低，相互配合才能和諧，如果硬要都爭高或都搶低，下場當然很慘烈，還不如先談妥搭配的方式，並從禮讓和瞭解對方做起，一定可以慢慢地漸入佳境。

射手 VS 巨蟹

關係指數 ★★★

特調滋味 平淡無奇

秘密武器 各司其職

　　巨蟹在這世上最愛的、最想照顧的就是自己的家人、族人、同類人，只要能扯上關係或有共同之處，便掏心掏肺、犧牲奉獻，而且完全不求回報，是一個寬大為懷、溫厚親切的人，不過，容易膽怯畏縮，也沒什麼主見，經常處於猶豫不決的狀態。

　　生性敏感，尤其對於人情事故的細微變化，更是感知深刻，很會看人臉色，但卻不懂得排解情緒，再加上習慣以悲觀負面的角度來解讀事情，以致於常自陷憂傷可憐的氣氛之中，難以自拔。

面對不合理或不舒服的情況時，總是不自覺地壓抑情緒，等到忍無可忍時，才整個大爆發，猶如突然投下一顆原子彈，讓人感覺情緒反應十分兩極。理財觀念強，不僅精打細算，而且懂得對收入和支出做完善規畫，絕不會發生寅吃卯糧的慘劇。

射手全身散發正面能量，就像冬日裡的暖陽，總是給人帶來歡笑和希望，所以能在第一時間吸引悲觀怯懦的巨蟹，讓巨蟹感受一股前所未有的熱能，而且源源不絕、取之不竭，當巨蟹失去自信時，射手明天會更好的論調立刻打動巨蟹的心，當巨蟹受挫沮喪時，射手只要說幾個笑話、玩幾個把戲，巨蟹馬上笑顏逐開，重獲新生。

不過，好景總是不常，當射手和巨蟹相處的時間一久，射手便開始對巨蟹的猶豫、依賴、黏膩產生恐懼和嫌惡，甚至不得不用閃躲的方式來甩開老是哭哭啼啼、愁眉不展的巨蟹，而巨蟹則

對射手沒耐心和不夠溫柔體貼的習性頗有微詞，最後，兩人勢必從初期的開心相遇，走向後期的漸行漸遠，美好關係難以維繫。

◇ 如何調出兩人的美味關係？

即使對方什麼都沒做，也沒礙到誰，但彼此對對方都有一種說不出個所以然的反感，只是還不到針鋒相對的地步，不會在檯面上把自己心裡真正的想法全盤托出，尚為對方保留一些面子，也為自己留些餘地。道不同不相為謀，既然不適合湊在一塊兒，就不應該勉強，只要各司其職，把該做的事做好，井水不犯河水，自然也就皆大歡喜了。

射手 VS 獅子

關係指數 ★★★★★

特調滋味 香辣夠味

秘密武器 共創高峰

　　獅子把自己定位成一個君臨天下的王者，所以喜歡指揮別人、習慣發號施令、重視排場、講究氣氛，無論出現在什麼場合，一定要成為最閃亮的那個顆星，炫目華麗且光芒四射，若有人膽敢對君威不敬或對君命不從，必以威猛狂嘯的獅吼功伺候，非要對方懾服不可。

　　熱情樂觀，正直誠懇，魅力十足，在群體中能發揮以正面能量感染他人的效果，即便自己遇到煩惱或傷心的事，仍願意伸出援手去幫助別人。具創造力和戲劇天份，樂於將自己心裡真實的想

法，藉由創意和表演與人分享，沒心機，不計較，更無害人之心。

因為自命不凡，所以驕傲自大、霸道武斷，因為自封為王，所以不容異己、重權要勢，而且脾氣特別大，為所欲為，只要有人不小心犯了忌諱，就大動肝火，容易讓人留下喜怒無常的印象。

射手不僅愛玩，而且也很會玩，無論玩伴是誰、地點在哪裡、遊戲類型是什麼，都能玩得翻天覆地、淋漓盡致，而且不但自己玩得開心，其他人也都被逗得樂不可支，是大家公認的超級玩家。而獅子對享樂亦情有獨鍾，雖然日理萬機、雖然要忙要煩的事堆積如山，獅子還是能從百忙之中抽身而出，和大家歡樂到天明，是一個極愛熱鬧、不和朋友狂歡就渾身不對勁的玩樂主義者。

勇於嘗試的射手遇到創造力十足的獅子，可說是天造地設的一對，兩人不僅可以在工作上顯

現驚人的活力和衝勁,在玩樂方面更有著令人讚嘆的能量,活像一組超級電池,永遠都不需要有休息的時間,邊做邊玩、邊玩邊做,氣氛絕佳、默契十足,搭配得天衣無縫。

◈ 如何調出兩人的美味關係?

兩人是可以一起玩樂和發揮創造力的組合,許多他人覺得誇張不實的想法、幼稚可笑的舉動,或是遙不可及的夢想,在彼此的觀念裡都是可行又有趣的絕妙點子,擁有共同的語言,溝通順暢,默契十足。唯一要注意的是凡事若玩過了頭,都是危險、敗壞的徵兆,偶爾要互相提醒、踩踩煞車,避免釀成樂極生悲的慘劇。

射手 VS 處女

關係指數 ★ ★

特調滋味 甜鹹不調

秘密武器 相互包容

處女的分析能力和組織能力皆高人一等，不管面對再怎麼混亂雜錯的狀況，都能在最短的時間內理出一個清楚明確的頭緒，以及讓所有人都覺得滿意的結果，勤奮努力，堪稱處事高手、效率達人。

精密有序是基本要求，確實負責是中心思想，完美無瑕是必達標準，即使因此必須過著嚴謹忙碌的生活，亦覺得開心充實，毫無怨言。雖然，表面看起來是一個事事實際、利益分明的人，其實具有高度熱忱，樂於為需要幫助的人提供服務。

自己嚴守紀律，也強迫別人跟著遵循，看什麼事都不順眼，愛批評、愛挑剔，整天嘮嘮叨叨、碎念不停，讓旁人大呼吃不消。在人前的表現總是謙遜有禮、不爭不搶，但在人後的真實面目卻是錙銖必較，手上不僅握緊了箭，同時也備好了盾，可攻可守，絕不吃虧。

射手與人為善、喜歡交各式各樣的朋友，即使面對陌生人也不會預設立場，總是想盡辦法和所有人產生良性互動，除非對方做出太過分的舉動，否則射手皆一視同仁，但處女在人際方面的表現卻和射手大不同，處女為人嚴肅謹慎，不僅對於每個細微動作都盯得很緊，而且喜歡用自己的標準來解讀別人的行為模式，是一個自己很緊繃，同時也經常把別人逼得很緊張的人。

射手需要自由的空間，但處女很難給予別人空間；射手天生就是一個重玩樂多於工作的人，但處女卻將服務和工作當成一生的職志，努力不

懈。所以，奔放開懷的射手會自動避開與嚴厲挑剔的處女可能接觸的任何機會，以免壞了玩樂興致，自找麻煩。

◈ 如何調出兩人的美味關係？

　　一個要往東，另一個就想往西；一個覺得美妙開心，另一個就嗤之以鼻；兩人來自不同的世界，話不投機、水火不容，不管從哪個角度切入都無法找到共同點，若硬要湊在一起，只會消耗彼此的時間和精力，並留下一堆歇斯底里的怨言。倒不如學著尊重對方，你走你的陽關道，我過我的獨木橋，不強求，也不期待，彼此會過得更快樂。

射手 VS 天秤

關係指數 ★★★★

特調滋味 香氣逼人

秘密武器 攜手尋歡

　　天秤很在意平衡的問題，左邊是十公斤，右邊也要是十公斤，左邊放了一朵花，右邊也要放一朵花……只要一看到左右不對稱，就覺得渾身不舒服，非要想辦法改善，直到合乎公平公正的標準為止。

　　為人客氣溫和，與人相處融洽，喜歡愉悅舒服的氣氛，所以總是盡其所能地避免爭端是非；當問題的關鍵人是自己時，委曲求全、以和為貴，當問題出在他人身上時，則自願擔任居中協調者，為的就是能大事化小、小事化無，大家和睦愉快

沒紛爭。

注重形象，氣質出眾，親和力與溝通力特別好，活躍於各個人際社交圈，擁有迷人又知性的公關魅力。浪漫的理想主義者，紙上談兵的功力遠遠超過真槍實彈的實戰經驗，再加上愛享樂、不愛工作的習性，容易給人安逸懶散、光說不練的印象。

射手和天秤之間，有一種有點像又不會太像的感覺，十分微妙。就外形來說，射手是魯莽衝動的粗線條，說話像大聲公，舉手投足像秋風掃落葉，外放又隨興，而天秤則對自我形象的要求極高，絕不會在外人面前有絲毫的鬆懈，非要做到優雅迷人、極致完美不可，兩人的基本特質完全不同，甚至可說是天差地遠。

但有趣的是，射手和天秤在某些方面卻又有著難以言喻的契合度，譬如與人相處時皆以和樂

為原則、花錢如流水、反應和行動力都很快速、一遇到麻煩事就逃避、對工作沒興趣、說到玩樂就跑第一……總之，兩人在工作和面對難題之外的時間裡，可說是默契絕佳的好搭擋，可以共享樂，但無法共患難。

◇ 如何調出兩人的美味關係？

彼此之間存在著一股莫名的吸引力，但卻不十分強烈，清清淡淡、輕輕盈盈，相處的時候，感覺愉悅自在，不相處的時候，也不會特別想念，像是一種相互欣賞但不親密的隨緣感覺。其實，雙方各有優點，倒是缺點的部分比較類似，所以特別需要相互提醒、規勸，把對方當成明鏡，隨時修正自己的缺失，才能共同進步提升。

射手 VS 天蠍

關係指數 ★★★

特調滋味 平淡無奇

秘密武器 各司其職

天蠍因為精明幹練、執著專注,所以被人視為不好惹的狠角色,又因為嫉惡如仇、報復心強,而被當作可怕的冷血者,在群體之中,就像一個天生的絕緣體,凡人不敢靠近、常人避免接觸,大家都躲得遠遠的,深怕一不小心就成了毒螫下的祭品。

外表看起來冷酷幽暗、默不作聲,其實是一個外冷內熱、用情至深的人,全身散發神祕的吸引力,一旦決定付出,就難以收回,而且要求對方同等投入,否則玉石俱焚;無法忍受被背叛,

占有欲極強。

具有如偵探般敏銳的直覺和洞察力，能一眼看穿對方心裡的真實想法，主觀意識強烈，對於追求真相和揭發內幕特別感興趣。善用謀略，執行力強，勇於克服困難，不輕易被挫折打倒，說到做到，絕不含糊其事或打馬虎眼，極具競爭力。

射手走的是明亮風，天蠍走的是幽暗流，同時出現在人群中，射手一定是嗓門最大、動作最誇張的那一個，而天蠍則是最安靜沉著、站在一旁冷眼觀察所有人和現場狀況的那一個，可見射手和天蠍的差異有多大，根本就是分屬兩個世界的人。

不過，也因為彼此的距離實在太遙遠，少了許多摩擦的機會，使得兩人在沒有利益糾葛和性格衝突的狀況下，提高了特質互補的可能性。當射手又對八字都還沒一撇的事情一頭熱時，天蠍

立刻毫不留情地潑上一盆冷水，讓射手迅速冷靜，避免做錯決定，而當天蠍又想把自己隱藏在黑暗角落時，射手一定使出渾身解數、綻放熱力，逼得天蠍不得不向陽光靠近，兩人的關係雖不緊密，卻尚稱平順溫和，不讓人擔心。

◈ 如何調出兩人的美味關係？

對方的長處是自己缺乏而且羨慕的，對方的短處是自己獨有而且有能力幫助對方改善的，彼此的關係就好像優缺點互補的組合。剛開始相處時，可能因為性格的差異而有所保留或顯得尷尬，但只要一方願意先卸下防衛的面具，拿出具體的誠意來，兩人之間立刻多了一座用溫暖和真誠造成的友誼橋樑，從此相輔相成、愉快融洽。

射手 VS 射手

關係指數 ★★★★★

特調滋味 料多味美

秘密武器 創意激發

　　射手就像讓人心情大好的暖陽、可治百病的笑聲、充滿希望的正向能量，一切變得如此美好，是一個人人都想接近和學習的對象。喜歡接觸新事物，經常旅行，結交各領域的朋友，富哲學思考，同時具有行動力和實踐力，所以智慧過人、知識廣博。

　　不受框架的局限，不理會制度的規範，熱愛自由，奔放開闊，即使付出的代價是不斷地被騙、被傷害，亦無所謂，依然樂觀開朗，勇敢冒險，為的就是尋找別人一輩子也到不了的奇境聖地。

口沒遮攔、快人快語，往往刺傷了對方的心卻毫無知覺，老是顧著自己開心，卻忘了替別人著想。過於理想化，還沒想清楚得失利弊就直接衝出去，十次有九次都以傷痕累累收場。說話誇大，動作誇張，又害怕承諾，特別容易給人留下不牢靠的負面印象。

　　兩個射手的組合無疑是全天下最令人開心的搭配，不僅兩人自得其樂，連旁人也能明顯感受到輕鬆歡樂的氣氛。射手厭惡被規定和要求，所以也會給另一方絕對的自由空間，這對彼此關係有十分正面的幫助，不僅讓兩人在相處時自在愉快，日後回想起來滿是快樂記憶，更使得雙方的友誼維持得更良好長久。

　　射手是一個不計較小節、不計仇，但容易口不擇言且脾氣急躁的人，照理來說，即使一方直言批評了另一方，應該是很快就會被化解的，但如果玩笑實在開得太過火，或是直中對方要害，

則其衝突勢必比一般人要激烈許多。另外，兩個射手在一起，似乎較擅長寓教於樂的學習，而非正經八百的工作，是一對標準的玩伴組合。

◈ 如何調出兩人的美味關係？

你有的，對方也有，你缺的，對方也缺，兩個人就好像照鏡子一樣。感情好的時候麻吉得不得了，但是一言不和、起衝突時，嚴重性也會甚於其他人。其實，彼此對對方的心情是惺惺相惜的，不僅相互欣賞優點，也會為對方的弱點擔心，那麼，何不勇敢地表達出自己心裡真正的心意呢？兩人應該經常交換生活心得，多給予對方鼓勵，要說氣話之前先冷靜一會兒再溝通，即可避免無謂的爭端。

 **射手 VS 摩羯**

關係指數 ★★★

特調滋味 甜鹹不調

秘密武器 相互包容

　　摩羯喜歡遵循古法、重視禮教、實力雄厚，而且特別強調安全，凡事只要可能承受風險，哪怕只是小得微不足道，談不上任何威脅，一樣會斷然拒絕，是一個不折不扣的老頑固、老長官、老學究。

　　一生之中有百分之九十的時間都用在工作上，除了真實的工作時間比一般人長許多之外，連休息、甚至睡覺都在想與工作有關的事，是大家公認的工作狂，生活規律而缺乏變化，刻板而不懂情趣，成熟而過於嚴肅拘謹，認真可靠而沒有意

外的驚喜。

深沉內斂，情感壓抑，有點悲觀傾向，但意志力和執行力十分驚人，一旦確定目標就不會改變，持續穩定地前行，雖然速度不快，但是步步走得踏實，再加上絕佳的領導力與組織力，往往能成為跌破大家眼鏡、最後坐上成功者寶座的人。

射手一向自信、勇敢、直率，而且具備了最強勁的冒險精神，從不覺得自己會被什麼事難倒，一生都在玩樂中學習、在橫衝直撞中體驗、在五花八門的環境中成長，是一個不怕跌倒的樂天派。摩羯對於新鮮事沒興趣，喜歡經得起考驗的古老傳統，拒絕接受未經評估與毫無規畫的任務，從不會讓自己有機會深陷危險之中，是一個自律甚嚴、遵循經驗法則的保守派。

射手認為摩羯考慮事情的時間拖得太長，容易錯失良機，摩羯覺得射手只會說不會做，表面

上看起來很有行動力，其實只會瞎忙，每次都留下爛攤子讓人收拾。射手和摩羯不僅契合不佳，而且節奏失調，不管一起工作或玩樂都難有歡樂的結局。

◈ 如何調出兩人的美味關係？

一個是急性子，一個是慢郎中，兩人的關係並非絕對的對立，相互干擾與相互協助的部分也不大，就像曾經打過照面，但彼此不熟，只是各自過著生活的鄰居。既然雙方之間有本質的差異，就要學著尊重對方的想法和做法，一方不可強勢的要求，另一方也不需以弱勢自居，否則久了一定會爆發難以想像的問題，倒不如平時就建立平等的觀念，自然就可相安無事地繼續相處下去。

射手 VS 水瓶

關係指數 ★★★

特調滋味 嗆辣刺激

秘密武器 事緩則圓

　　水瓶忽遠忽近、忽淡忽濃、忽冷忽熱的詭異性格，總是得到兩種極端的評價，那些熟識的麻吉好友，異口同聲說這就是不矯揉造作、自然泰若的真性情表現，而那些初次見面的陌生人，則破口大罵：「不懂地球遊戲規則的外星人，有什麼好踐的啊！」

　　獨立創新，冷漠主觀，叛逆孤僻，以致於在群體中顯得格格不入，常常冷不防地就躲進只有自己瞭解的世界，與世隔絕，不想理人，也不想被理。其實，內心裡深藏著博愛、為人類服務的

高度理想，只是懶得解釋，覺得時機到了，該懂得的人就會懂得，不需多費唇舌。

雖然才華洋溢，但不刻意外露，雖然具備賺大錢的能力，仍淡泊名利，一生最怕的事就是失去自由，寧願當一個餓著肚子卻滿懷理想的自由鬥士，也不願成為口袋滿滿卻綁手綁腳的大富豪。

射手是一個散播歡樂的開心果，走到哪裡都愛講笑話、聊趣事，每次開口不到三分鐘，就能把場子炒熱，搞笑功力無人能敵，不過，樂觀開朗並不代表凡事圓融或脾氣好，相反地，急躁又直腸子的射手要是使起性子來，還真是殺傷力十足，讓人難以招架，而偏偏水瓶就是一個容易把射手惹毛的怪咖之一。

基本上，射手和水瓶的衝突性並不高，甚至有某些相似之處，例如心胸寬廣、好學、宏觀、理想化，兩人可以一起研究學問、為哲理辯論，

也可以一起為環保努力、為理想奮鬥，但必須有觀點不同和針鋒相對的心理準備，因為雙方都是有主見的人，這一來一往的交流可以載舟、亦可覆舟，就看兩人決定讓友誼的船往哪個方向航行。

◈ 如何調出兩人的美味關係？

從外表看來，兩人喜歡的事物和行事的風格似乎不完全相同，但若仔細研究分析，就會發現根本是殊途同歸的同路人。兩人不但有著極大部分的相似特質，而且還有共同的習性和興趣，如果能時常彼此分憂、分擔、分享，便可讓原有的優點發揮得淋漓盡致，且對於增長見識和改善缺點亦有莫大助益。

射手 VS 雙魚

關係指數 ★★

特調滋味 甘苦交混

秘密武器 尊重對方

　　雙魚愛上的是一種感覺，一種迷濛夢幻的感覺，一種無法具體描述，但卻使人無限依戀的感覺，那是精神層次的追求、心靈寄託的依歸，只有遠離複雜刺激、針鋒相對、物欲橫生的陸地，回到溫暖柔軟的廣闊海洋，才能放心地悠遊，感受前所未有的舒適安全。

　　天真浪漫，單純脫俗，慈悲體貼，特別同情貧苦弱勢的可憐人，即使自己只剩一碗飯，也會毫不考慮地先給最需要的人吃，然後再一邊忍受飢餓、一邊尋求更多援助，是一個善良又寬厚

的人。

　　喜歡逃避，自制力弱，缺乏判斷力，容易受騙或受誘惑，而且一旦陷入深淵就很難自拔，經常遊走在善與惡的交界。直覺、潛意識、玄學、神祕學等靈性方面的啟發能力極強，藝術天賦高，在音樂、戲劇、寫作、舞蹈等方面的表現優異，令人讚嘆佩服。

　　射手很大方、很敢冒險、很愛表達自我想法，直接奔放的性格在某些人的認知裡，是自然坦率的代表，但在某些人眼裡卻成了魯莽衝動的負面教材，褒貶不一。而雙魚因為膽小怯懦，僅敢在熟悉的環境裡活動，只要一走出安全警界線，立刻全身緊繃，眼睛不知該往哪裡看、手不知該放在哪裡，連走路時腳都會打結，緊張的神情表露無遺。

　　射手和雙魚亦有共同之處，例如射手的宗教

情懷與雙魚的心靈潛修，皆與靈魂、神祕學有關，而且兩人的直覺都很敏銳，感應力強，只不過兩人終究是一動一靜的組合，相處久了，射手沒耐心，雙魚不安心，最後還是不可能有任何親密的交集。

◈ 如何調出兩人的美味關係？

基本上，兩人的性格差異是不小的，不是快與慢、熱與冷的組合，就是動與靜、攻與守的搭配，很難被放在同一個天秤比較，也極少被拿來一起配對。但其實雙方還是有一兩個相似之處，暗暗地支撐著彼此的友誼架構，只要一方肯用心發掘，並將自己的想法誠懇地表達出來，很快就能打破藩籬，建立良好新關係。

12星座笑傲群星的過人特質

牡羊　行動力，勇敢，急躁，天真，自信。

金牛　節儉，耐力，固執，鑽牛角尖，穩重。

雙子　幽默，速度，機智，話多，八卦。

巨蟹　愛家，敏感細膩，懷舊，包容力，情緒化。

獅子　領導力，創造力，表演天分，自大，風度。

處女　責任感，批判，守規矩，挑剔，細心。

天秤　猶豫，社交力，愛美，和諧，善辯。

天蠍 心機，嫉惡如仇，吃醋，冷酷，神祕。

射手 愛玩，樂觀，熱情，誇張，神經大條。

摩羯 事業心，執行力，堅持力，嚴肅，認真。

水瓶 創意，搞怪，博愛，理性，好學。

雙魚 浪漫，胡思亂想，心軟，逃避，藝術天分。

PART 4

射手與各星座的愛情協奏曲

當射手與各個星座掉進愛的漩渦時，

怎麼做才能擁有一段讓人動心、覺得窩心、

感到開心的愛情呢？

這裡有祕技在此公開。

射手 love 牡羊

　　牡羊情人的脾氣爆點很低，一觸即發，稍有不對勁就大發雷霆，不鬧到滿城風雨絕不罷休，最好再來個對方被嚇到屁滾尿流的戲碼，那就更過癮了。不過還好的是，脾氣來得快、也去得急，才一轉眼，臭臉變笑臉，怒氣變笑聲，像疾風驟雨後的燦爛豔陽。

　　受不了欲迎還拒、半推半就的黏膩感，一旦有了愛情的感覺，二話不說，立刻化身為愛的戰神，全力發動攻勢，誓言用最短的時間擄獲對方的心；當愛的感覺消失時，亦是直來直往，無法忍受拐彎抹角、冷嘲熱諷，有什麼不爽快就大剌剌地說出來，直接給雙方一個痛快。

　　喜歡征服的勝利感、喜歡在愛情關係裡占上

風、喜歡對方崇拜自己的眼神，討厭不說話的冷戰、討厭對方在眾人面前不給面子、討厭對方死纏爛打，愛情字典裡沒有羞赧曖昧，只有清楚明白的要或不要。

射手對情人很好，但是對朋友也不錯，有時甚至更好，尤其與異性相處時的尺度很寬，總是毫無忌憚地嬉戲玩鬧，就連情人同在一個場合也不懂得收斂、避諱。牡羊對朋友的重視程度亦不輕於情人，很多時候，情人柔情似水的對待和甜言蜜語的攻勢，總敵不過朋友的一通電話、一個要求或一句讚美。所以，射手和牡羊真可稱得上是天造地設的組合，兩人不僅對待愛情的方式一致，而且也願意給對方空間。

射手和牡羊往往能在第一時間一見鍾情，因為雙方的氣味、磁場、感覺實在太相近了，完全不會有溝通障礙，時而整天膩在一起，時而各自玩樂，不管怎樣都覺得開心。

◇ 如何吹奏兩人的愛情協奏曲？

　　初見對方的感覺，即使沒有如天雷勾動地火般的激烈，一定也有小鹿亂撞、心跳加快那種被愛神之箭射到的甜蜜感覺，簡單地說，就是好感說不完的一見鍾情。兩人才相處三天就像認識了三年似的，完全不需要適應期，也沒有使人感覺不快的隔閡，任何困難都可攜手共度，相知相隨，親暱熱切，情感濃烈幸福程度，讓所有人都羨慕不已。

讓牡羊動心的祕技 天真坦白，樂觀，

不囉嗦。

讓牡羊窩心的禮物 玩具、運動用品、

公仔、新上市的商品。

讓牡羊開心的場所 遊樂園、新奇的

店、速食店、運動娛樂中心。

射手 love 金牛

　　金牛情人沒有搶取豪奪的氣勢，也沒有你死我活的狠勁，但卻有一千度的強烈占有欲，只要對方的眼神因為其他異性而稍微飄移、心思因為若有所思而小幅振盪，立刻醋勁大發，生悶氣、大聲甩門、拒絕親近等招術紛紛出籠，表示嚴重抗議。

　　喜歡吃美食、美麗的餐廳、有質感的禮物，只要營造具備這些元素的場景，兩人世界頓時如花團錦簇般夢幻美好，感情急速加溫。無論感情再怎麼長久、甜蜜，都不要牽扯到任何的金錢借貸關係，否則晴天馬上變雨天、熱情馬上變冷漠，千萬別挑戰節儉王的底線。

　　忠心誠懇，深情專注，執著持久，不玩愛情

遊戲，一旦愛了就全力以赴，不僅心無旁鶩地愛著對方，而且早已偷偷計畫兩人的未來，相戀、結婚、生子、偕老……即使八字只有一撇，還是覺得開心滿足。

射手即使已有專屬情人在身邊，一顆熱情奔放的心還是安定不下來，無法把全部的心思都放在情人身上，稍有空檔就找朋友哈啦玩樂，是一個喜歡享受戀愛感覺，卻也需要同時保持熱絡社交關係的人。金牛的愛情觀是專情、執著和忠實，認為既然雙方都已經確定投入這段感情，就必須拿出誠意和真心，絕不能有輕蔑草率的心態，是一個對自己和對方都有一定要求的人。

射手的愛狂野奔放，常讓金牛有難以配合的無力感，而金牛的謹慎制式，則讓射手覺得綁手綁腳，兩人對愛的期望落差極大，光是要把頻率調到和諧就已經不容易了，若想進一步發展，似乎難度頗高。

◈ 如何吹奏兩人的愛情協奏曲？

大部分的時候，雙方就像兩條平行線，很難有交集，既不想知道對方的任何訊息，也不可能主動關心對方，總是各自為政、互不搭理。因為彼此沒有互動的渴望，所以即使有接觸的機會，也很難建立在愛情上。基本上，要兩人相安無事地相處，並非難事，反而要培養出情投意合的愛意是比較不容易的，所以，一定要不斷地運用各種方式激發出自己與對方的熱情，才有可能長相廝守，直到永遠。

讓金牛動心的祕技 可靠，幽默，有藝
術品味。

讓金牛窩心的禮物 藝術品、珠寶、園
藝用品、各式招待券。

讓金牛開心的場所 美麗與美食兼具的
餐廳、藝術中心、郊外。

射手 love 雙子

　　雙子情人的愛情態度被大家貼上「花心」的標籤，但自己對這樣的評價卻不以為然，總覺得自己只不過是真實呈現人性多重愛欲的自然本性而已，大家實在沒必要如此嚴肅正經，更不應該為此亂扣倫理道德的大帽子，不妨輕鬆一點、放開心胸地面對愛情。

　　幽默風趣成為在愛情世界裡悠遊自得、左右逢源的最佳利器，一旦發現獵物，得手的成功率幾乎高達百分之八九十，懂得善用自己的優勢，是一個聰明、花樣多的愛情獵人。

　　愛情要讓人愉快，而不是讓人沉重；愛情生活應該精采豐富，而不是規律穩定；愛情之所以迷人，是因為追求的快感，而不是耐心的等待；

愛情最讓人興奮的部分是達陣之前的疾速奔馳，而不是達陣之後的塵埃落定；愛情最令人回味的是曾經擁有，而不是天長地久。

　　射手初識雙子時，會產生有一種又熟悉、又親近，但又不知如何靠近的奇特感，一方面射手很欣賞雙子的靈巧多變，覺得和雙子相處是一件愉快的事，但另一方面射手卻又對雙子不明究理的反覆情緒感到無法適應，所以，雙方經常處於時而契合、時而不協調的拉鋸戰。

　　不過，雖然射手和雙子之間存在著微妙的衝突關係，但其實兩人的愛情火花卻也就是在這樣的狀況之下擦撞出來的，當射手懂得隨著雙子的情緒節奏起伏，而雙子也能配合射手的搞笑演出，自然而然地，愛情的曼妙滋味也就應運而生，再加上兩人的愛情觀都是一樣的開放寬鬆，誰也不會限制誰，反正開心最重要，其他的問題也就不大了。

◈ 如何吹奏兩人的愛情協奏曲？

一開始就注意到對方，但沒有好感，看不順眼，隨口就可以講出對方千百個令人討厭的缺點，沒想到慢慢地，越看越有趣，臉上笑容變多了、心變柔軟了、喜上眉稍的感覺藏不住了，冤家變親家，一段致命吸引力的情緣從此展開……既然彼此真有愛意，就應該多包容、多站在對方的立場思考，相互磨合修整，互斥自然就變成了互補，美麗圓滿。

讓雙子動心的祕技 不黏膩，變換花招，有新鮮感。

讓雙子窩心的禮物 度假招待券、手機、益智遊戲、趣味商品。

讓雙子開心的場所 咖啡廳、百貨公司、旅遊景點、大賣場。

射手 love 巨蟹

　　巨蟹情人要的愛情是一份包含了溫柔體貼、善解人意、至死誓言的安全感，暖暖的、厚實的、永恆不變的。在真愛來臨之前，害羞、不知所措，沉醉在真愛裡的時候，甜蜜深情，卻又惴惴不安，當真愛確定不移之後，放心安穩，一生奉獻，毫無保留。

　　雖然，兩情相悅的美麗情懷是不可欠缺的，但更圓滿美好的表現應該是再加進像家人一樣的親情，因為那才是不怕洪水猛獸侵襲、不懼天崩地裂破壞的情感，源遠流長，直到永遠。

　　容易猶豫不定，且情緒起伏較大，所以需要對方循序漸進的引導，以及耐心地守候，不適合火力全開的激烈攻勢。兩人爭吵時，無法在第一

時刻把思緒理清楚、把話說明白，必須經過一段時間冷靜思索，才會有答案，對方若一昧強硬逼迫，不但無效，還可能產生反效果。

射手喜歡到處趴趴走，一下和這群人聊天，一下和那群人打球，活動多得不得了，很難把心力集中在情人身上，往往會讓情人有被冷落疏忽的感覺。巨蟹只要一談戀愛，整個人就情意綿綿，不但想和情人時時刻刻黏在一起，而且最好將活動設定在家裡，製造溫馨甜蜜的兩人世界，既便於彼此深情凝望、緊緊相依，也不會被外人打擾，幸福無比。

射手和巨蟹的愛情調性是互斥的，射手想到外面運動，巨蟹想窩在家裡做家事，射手希望大夥兒一起行動，巨蟹希望只有彼此，顯然，兩人最後無論是決定勉強自己去配合對方，或是盡可能相互容忍，對於愛情都是沒有正面幫助的。

◈ 如何吹奏兩人的愛情協奏曲？

彼此之間好像隔著千山萬水，只能遙遙相望，不太有機會親近對方，而雙方也的確都沒什麼相互接觸的意願，屬於感情難以培養的組合。每次好不容易努力把兩人送作堆，卻又狀況連連，不是一方莫名地礙著了另一方，就是雙方互不給好臉色，實在難相處，所以，兩人特別需要學習摒除成見與耐心溝通，才有可能進一步往好的方向發展。

讓巨蟹動心的祕技 愛家，關懷體貼，寵愛。

讓巨蟹窩心的禮物 手工藝品、傢飾品、仿古家具、田園風格商品。

讓巨蟹開心的場所 花店、安靜溫暖的餐廳、跳蚤市場、懷舊之地。

射手 love 獅子

　　獅子情人所認定的愛情是轟轟烈烈、濃情蜜意、瘋狂烈愛……總之，就是一個不折不扣的重口味者，一旦陷入愛河，勢必高調地昭告天下，深怕漏掉一耳一目，而此舉的目的不僅是為了享受引人側目、招來嫉妒的得意感，更想讓對方感受到雄渾烈火般的愛意。

　　愛面子又不認輸，即使是自己做錯也不許別人笑，堅持保有尊貴的地位和非凡的氣勢，對方只要懂得順著獅毛梳理，不硬碰硬或逞嘴上之能，一定可以贏得歡心，過著吃香喝辣、橫行無阻的風光生活。

　　雖然有自己的喜好和行事風格，而且有些霸氣、自大，卻不會隨便亂發脾氣，只是一旦對方

犯了大忌，引發獅子發火，可能就很難收拾了。喜歡群聚的熱鬧氣氛，真正為兩人世界所花的時間和心力不多，把情人和朋友放在一起玩樂的模式似乎才是最愛。

射手的愛情性格是熱鬧、豐富和外放，雖然身邊已有一個情人，眼睛卻仍像獵物雷達似的忙著四處搜尋，始終秉持多看、多挑、多試的原則，在愛情世界裡玩得不亦樂乎。獅子的愛情觀和射手有異曲同工之妙，不但喜歡把戀愛搞得轟轟烈烈、眾人皆知，而且愛玩、花心，是一個能帶給情人浪漫快樂，但也容易讓情人傷心的人。

射手和獅子相愛的感覺就像電光石火一般，燦爛奪目、閃亮耀眼，有濃烈的情愛，還有同樂的遊戲感，再加上對彼此有足夠的瞭解與認同，所以絕不會用各種要求或規定硬套在對方身上，願意給予空間，讓這段感情既熱情奔放又輕鬆自在，兩人可以長長久久地愛到永遠。

◈ 如何吹奏兩人的愛情協奏曲？

　　雙方不僅玩樂功力相當、情緒指數同步，更有絕佳默契，即使一方提出到山林打獵、對陌生人惡作劇之類的無厘頭點子，另一方也會全力支持與配合，非要把別人搞瘋、讓自己玩瘋，才覺得痛快淋漓。兩人在一起滿是快樂瘋狂的美好回憶，雖然也有大吵大鬧、拳打腳踢的激烈場面，但脾氣來得快，也去得急，才一會兒功夫，立刻又恩恩愛愛地一起嬉鬧玩耍，算是一對開心歡樂的組合。

讓獅子動心的祕技 讚美，順從，玩樂的興致高昂。

讓獅子窩心的禮物 華麗閃亮的飾品、太陽眼鏡、高價精品、皮件。

讓獅子開心的場所 舞廳、五星級飯店、高級俱樂部、狂歡派對。

射手 love 處女

　　處女情人的規則多如牛毛，異味止步、指甲不能太長、看書時不能用力折……這些規則讓那些搞不清楚狀況的人動輒得咎，前面那條規則都還沒瞭解透澈，接下來的一句話或一個動作，又馬上又犯了錯，簡直就要把對方搞瘋了，而自己也因為氣到爆青筋而快出人命。

　　喜歡談有建設性的話題、喜歡具學習價值的活動、喜歡可獲取實質利益的工作，謹慎務實的特質讓愛情變得不怎麼浪漫，但對於個人性格的磨練與成長，倒有極大的幫助。

　　把親情、友情與愛情切割得一清二楚，無論是自我認知或實際行為，都沒有模糊地帶，執行嚴明，同時也要求對方達到一樣的標準。雖然，

愛挑剔，愛叨念，但卻是一個以誠相待、對感情負責，交往到一定程度即願意與對方攜手共度一生的情感穩定份子。

射手常常不管口袋裡的錢有多少，就帶著情人逛大街、吃大餐、花大錢，還特地買一些貴得離譜但卻不實用的禮物，只為了給對方驚喜，並圖一個自我心理上的滿足，而這些行為在處女的標準裡，都被解讀成不切實際和愚癡的浪漫，一點都不值得鼓勵，而且射手還會因此被處女列為拒絕交往的黑名單，因為射手的觀念和做法，讓一向嚴謹務實的處女心驚膽跳，深怕自己會被射手連累，還不如保持距離比較安全。

當射手開心興奮，處女覺得那叫做得意忘形、不知收斂，當處女叨念勸導，射手覺得那叫做杞人憂天、過度緊張，兩人之間的鴻溝又大又深，若想跨越，恐怕要耗費的力氣是超乎想像的。

◆ 如何吹奏兩人的愛情協奏曲？

　　無論談什麼話題，不是各持己見，就是相互批評，根本是話不投機半句多，對生活的態度，一個灑脫一個嚴謹，對愛情的認知，一個開放一個收斂，簡直是秀才遇到兵，有理講不清，實在很難溝通。兩人之間最欠缺的就是傾聽對方心裡的聲音，若只是一昧地表達自我想法或堅持自我主張，恐怕連和平相處都有困難，更不可能談情說愛了。

讓處女動心的祕技 有禮貌，乾淨整

齊，知性話題。

讓處女窩心的禮物 健康用品、有機食

品、筆記本、精美日用品。

讓處女開心的場所 強調健康概念的餐

廳、聽演講、博物館、書店。

射手 love 天秤

　　天秤情人是標準的「外貌協會」，除了自己愛美、注重形象之外，就連情人的長相、氣質、穿著打扮，甚至生活品味，都要一併列入考慮，只要稍有差遲就淘汰，平時喜歡當濫好人，為了顧全大局，總是鄉愿妥協，但與外形有關的部分絕不會委屈求全。

　　讓這個人滿意了，可能那個人就生氣了，同意了這邊的要求，就等於拒絕了那邊的好意……最怕陷入兩難的矛盾情緒，一遇到需要抉擇的場面，不是刻意敷衍，就是隱遁逃避，直接來個不問不理。

　　對於愛情的態度是柔軟清爽，而不是濃厚強烈，即使是情人之間的相處，也只像一陣舒爽輕

柔的風，或像一條澄淨透明的溪水，或像時而淡香、時而無味的空氣，絕不是熾茂燄盛的烈愛，也不是糾糾纏纏的熱情，和一般人對愛情的期待大不相同。

射手和天秤乍看之下，雖然是火力十足與溫馴和緩的組合，但兩人其實有一定程度的共通點，例如射手喜歡帶著情人和一堆朋友互動，受不了整天黏在一起的交往模式，而且與其他異性的關係仍維繫得十分密切，毫不設限，而天秤談戀愛的同時，一樣很重視社交經營，有時還會因而發生愛情與友情混雜不清的曖昧關係，不知如何解決。

當射手把愛情當成一場遊戲時，天秤就跟著一起玩、一起瘋，既不設限，也不講大道理，當天秤興高采烈地談著自己努力經營的社交圈時，射手不但樂於分享，而且願意投入參與，氣氛愉悅融洽。簡單說，射手和天秤像情人也像朋友，

是攜手共度一生的好伴侶。

◈ 如何吹奏兩人的愛情協奏曲？

一開始的感覺很普通，沒有心花朵朵開的浪漫感，也沒有不屑鄙視的嫌惡感，就像一般朋友。但隨著時間地積累，慢慢日久生情，好感度逐漸增加，到最後甚至有越陳越香的態勢，算是滿契合的一對。所以，雙方相處的重要關鍵在於突破初識的生疏、猜忌、冷漠，只要成功進入互有好感的第一階段，之後就能一起登上愛之船，遨遊愛之海了。

讓天秤動心的祕技 溫和，精心打扮，熱情。

讓天秤窩心的禮物 時尚精品、香水、音樂盒、設計師名品。

讓天秤開心的場所 優雅的咖啡廳、流行商品店、名牌店、音樂廳。

射手 love 天蠍

　　天蠍情人的愛情是濃密厚實、是深沉入裡、是專心一致、是飛蛾撲火、是欲念橫流……是沒有做好心理準備就陷落的人，承受不起、也消化不了的。滿滿一缸醋罈子，隨時等著打翻，對情人的精神與肉體施以同樣嚴格的控管，連一點細縫都不留。

　　疑心病重，心思縝密，觀察力過人，喜歡追根究柢，對方只要有一點不對勁，便立刻著手調查，而且是暗中偵察，絕不會做出打草驚蛇的傻事，非要查個水落石出不可，並保證讓對方心服口服。

　　只要認定了一個人、一段感情，再多犧牲奉獻也覺得心甘情願，最痛恨欺騙和背叛，對方若

膽敢在背後亂搞，即使僅有一次，也會立刻被判死刑，不但永無翻身之日，還可能遭到嚴厲的懲罰和報復，是一個占有欲極強、寧為玉碎不為瓦全的激情份子。

射手很愛熱鬧，天蠍很愛安靜，射手可以同時愛很多人，天蠍一次只能愛一個對象，射手需要和朋友保持熱絡的互動，即使在一起沒做什麼有建設性的事，也覺得十分開心，天蠍除了必要的事之外，完全不想和任何人有任何關聯，只想和心愛的人廝守在一起。

射手如果遵照天蠍的要求，就必須學著適應只有兩個人的世界，而且與外界處於一種幾乎隔絕的狀態，但這對射手來說，簡直比死還要痛苦，而天蠍如果配合射手的期望，就必須學著和來自四面八方的各路人馬互動、交朋友，但這對天蠍來說，根本比登天還難，所以，射手和天蠍頂多可以遠遠地彼此欣賞，至於談情說愛，就別多想

了吧！

◈ 如何吹奏兩人的愛情協奏曲？

　　彼此雖然生活領域不同，基本特質亦有差異，但卻因為並非全然的落差和衝突，反而有一種欣賞對方和想要向對方學習的心情。兩人時而以柔克剛或以強扶弱，時而以慢制快或以快帶慢，感覺真美妙。不過，可惜這美妙終究是短暫的，等到時間一久，最初因差異而產生的新鮮感漸淡，回歸原點，不契合的現象也就紛紛浮出檯面了。所以，兩人最佳的相處模式應該是遠觀而不褻玩，保持距離、以策安全。

讓天蠍動心的祕技 自信，循序漸進，不探隱私。

讓天蠍窩心的禮物 精油蠟燭、偵探小說、占卜工具、神祕學書籍。

讓天蠍開心的場所 電影院、幽靜木林區、具靈異氣氛的場所。

射手 love 射手

　　射手情人無法在兩人世界耽溺太久，才相處幾天，立刻把平時陪在身邊瞎混瞎聊的好友拉攏過來，一起吃喝玩樂、遊山玩水，從兩人世界變成三人，再變成六人、十人……最後狐群狗黨全都上場，明顯多了插科打諢的歡樂氣氛，但浪漫的愛情氣息則蕩然無存。

　　沒有定性，所以無法和同一個人膩在一起太久；熱愛自由，所以無法被同一段情感長時間束縛；討厭壓力，所以無法給出一個具體的承諾。絕大部分的基本特質與愛情本質是相悖的，且改變不易。

　　因為自己開朗樂觀、大方豪邁，因此希望對方也是個正向陽光、心胸開闊的人，如果一天到

晚只在乎小細節、只是唉聲嘆氣、只想緊迫盯人、只吵著要兩人獨處、只懂得用恐嚇威脅、只會說一些假裝讚美的應酬話,那麼,兩人的結局恐怕凶多吉少。

即使在愛情的世界裡,充滿了占有和自私的氣味,射手卻依然保有隨性自由的性格,而且不管自己的角色是愛人還是被愛,都不會想用掌控或束縛的方式來表達愛意,因為射手很清楚那是讓愛情提早結束的愚蠢行為。兩個射手的愛情是自由的、熱烈的、歡笑的,不談過去,也沒時間想未來,把握和享受現在,才是雙方最完美的共識。

然而,射手的愛和精力是用不完的,無論自己和身旁的對象是多麼情投意合,終究難敵射手好奇、忙亂、不安定的本性,可能因花心而讓對方傷心,也可能因不負責任而讓對方深陷苦海,總之,要讓射手在愛情裡表現得從一而終,實在

是一件不容易的事。

◆ 如何吹奏兩人的愛情協奏曲？

　　要描述兩人在一起的感覺，最貼切的形容就是又愛又恨。當彼此磁場契合、頻率相同的時候，怎麼看怎麼順眼，就算對方講的話無聊至極，也能肉麻當有趣地笑得花枝亂顫，但如果兩人意見不和時，對對方的容忍度立刻降到零度，毫不留情面。所以，不妨多想想對方的優點和兩人曾經共有的甜蜜回憶，等氣消了、怨沒了，自然雨過天青。

讓射手動心的祕技 不約束，講笑話，活動力強。

讓射手窩心的禮物 旅遊用品、太陽眼鏡、笑話書、民族風飾品。

讓射手開心的場所 具異國風情的餐廳或景點、同樂會、大自然。

射手 love 摩羯

　　摩羯情人凡事追求踏實安定，即便遇到以夢幻浪漫為本質的愛情，亦不改其堅定不移的態度和立場，一旦決定與某人交往，必是以結婚為前提作考慮，認真程度一如面對工作時的嚴謹負責，而且備有長期周詳的愛情計畫，絕不輕言兒戲。

　　表面看起來穩健自信，其實內心摻雜著脆弱悲觀的性格，需要身邊的人時不時地給予肯定和鼓勵，才得以抒解壓力和排解苦悶，繼續努力向前，所以情人必須扮演多重角色，既要是溫柔體貼的情人，也要是善於傾聽兼加油打氣的心靈導師。

　　不懂享受，毫無情趣，更惶論花錢花心思買生日禮物、過情人節或為紀念日慶祝，舉凡基本

生活需求之外，一切從簡，認為真正的愛情應該是兩個人老老實實地同甘共苦，而不是不知民間疾苦地拚命享樂。

射手喜歡和情人談天說地、遊山玩水，把熱情發揮到極致，為兩人留下美好開心的共同記憶，至於明天會如何、將來會怎樣，全都不在考慮之列。摩羯本來就很難信任一個人，何況是要牽手一生的對象，更需要再三思量、反覆溝通和嚴加考驗，而且，摩羯認為愛不能當飯吃、情不能當水喝，一段沒有麵包支撐的愛情，是無法長久的。

射手總覺得摩羯擔心太多、想得太遠，一點情趣都沒有，實在很難相處，而摩羯則覺得射手說得一口好愛情，但其實根本是個花心大蘿蔔，看來，兩人連愛意都還來不及培養，就已經被火藥味嗆得頭昏眼花，無論相處或相愛都不容易。

◇ 如何吹奏兩人的愛情協奏曲？

　　打從相識之初，兩人就覺得不對盤，若是繼續相處下去，非但情況不易好轉，甚至每況愈下，最後只好以漸行漸遠收場。彼此的性格完全不同，喜好幾乎零交集，沒有共同話題，難以理解對方的思考模式，對於參予對方的生活更是興趣缺缺，所以，如果雙方仍想要攜手共度未來，一定要懷抱著無比的決心和包容力，否則最後還是要說再見的。

讓摩羯動心的祕技 言之有物的談話，端莊，正面思考。

讓摩羯窩心的禮物 名牌皮件、經典文具、實用的家具、骨董。

讓摩羯開心的場所 山區、公園、郊外、書店、古蹟、博物館。

射手 love 水瓶

　　水瓶情人常因博愛精神而被認定為花心大蘿蔔，其實這性格特質與愛情是無關的，必須分開來看待。在還沒確定一段感情之前，廣交異性，來者不拒的行為，的確容易被當作遊戲人間的花蝴蝶，可是一旦定下來之後，則自然會收斂許多，只留唯一的真愛。

　　無論在思想或行為上，都追求最大限度的自由，只要有一點拘束限制的感覺，立刻毫不客氣地變臉走人，寧可放棄甜蜜的情愛、契合的交流、溫暖的陪伴，也要爭取自我應有的空間。

　　聰慧、自我、創新，所以特別喜歡反應快、有想法，而且夠獨立的對象，不管大部分人的愛情模式和規則是什麼，只願意接受讓自己覺得舒

服快樂的方式，即便可能因此引發爭端、招來非議，仍堅持繼續試探衝撞，直到雙方找到相同的頻率為止。

射手和水瓶都是崇尚自由的人，只要一受到限制或壓力就想逃，而且就算和情人濃情蜜意、愛得死去活來，一旦發現對方屬於動不動就盤查拷問或控制欲十分強烈的類型，二話不說，立刻頭也不回地直接走人，絕不拿自己的自由開玩笑，寧願獨自一人浪跡天涯或孤芳自賞，也不願受盡牽制束縛，強調愛情是讓人快樂的，不是讓人痛苦的。

當射手大力讚美其他異性時，水瓶會跟著欣賞和討論，完全沒有醋意，而當水瓶發揮博愛精神照顧或關心其他異性時，射手認為那只是朋友之間的情誼，無傷大雅。顯然，射手和水瓶雖不常講肉麻的情話、雖沒有體貼的噓寒問暖，但卻

百分之百契合，絕對能愛到永遠。

◈ 如何吹奏兩人的愛情協奏曲？

　　雙方的契合感是渾然天成的，不矯情，不必刻意培養，即使單純地坐著也覺得愉快，對於某些事或某些狀況能很快地取得共識，不僅愛情指數穩定向上攀升，就連愛情濃度也持續增高，彼此相親相愛的情景羨煞所有人。所以，兩人只要堅持不讓沒事變有事、小事變大事，就能安然無恙地共創美好未來。

讓水瓶動心的祕技 獨立，以退為進，
培養相同興趣。

讓水瓶窩心的禮物 最新科技商品、科
幻小說、漫畫書、奇特商品。

讓水瓶開心的場所 3C賣場、天文館、
可觀星的郊外、展覽會。

射手 love 雙魚

　　雙魚情人希望自己二十四小時都能在愛情海裡悠遊，不用管生活的壓力、煩人的工作、複雜的人際，只要整天和情人黏在一起，你儂我儂、甜甜蜜蜜，就等於擁有了無與倫比的快樂。

　　情緒是混雜的，情感是曖昧的，搞不懂自己到底想要什麼，說不清自己到底愛誰比較多，一旦處於質詢逼問的緊繃場面，只會選擇逃離，留下關係糾纏交雜的爛攤子。生性膽小怯懦，學不會拒絕，也不懂得分寸和自制，特別容易被人騙，或在不知不覺中騙了別人。

　　愛聽對方講心事，也喜歡講自己的故事給對方聽，快樂時一起大笑，悲傷時一起落淚，情感被交融得濃稠緊密，從此認定那就是浪漫情懷、

就是千金萬金買不到的至愛真情，但誰知過幾天又遇到情投意合的對象，所有夢幻感性重新再來一遍，彷彿沒完沒了的情愛輪迴。

　　射手的奔放熱情是進入愛情之門的最佳武器，總能在最短的時間內擄獲情人的心，是一個快樂的愛情征戰份子。而雙魚表達愛情的方式則比射手溫柔、含蓄、模糊許多，常常在愛與不愛、是與不是之間遊走，連自己都沒把握下一秒可能會發生什麼樣的變化，很難捉摸。

　　一開始，愛好自由的射手可能會被雙魚雖不強硬卻死纏不放的愛意嚇壞，恨不得立刻遠離雙魚，而雙魚也一直對射手見獵心喜的習性心存疑慮。但慢慢地，射手發現雙魚的溫柔體貼就像一顆定心丸，既可放鬆舒緩，又有撫慰之效，令人心喜，於是，射手開始願意放慢腳步陪著雙魚漫步，而雙魚也對射手產生了信任，兩人漸入佳境，愛意綿綿。

◈ 如何吹奏兩人的愛情協奏曲？

　　兩人性格不相容、氣味不相投、生活不搭軋，從見面的第一眼就在心裡畫一個大叉，接二連三的罵聲從心裡冒出來，只差沒有真的脫口而出，立刻列入不往來的黑名單。但神奇的是，不契合的狀況竟隨著幾次的相處，演變成不打不相識，兩人慢慢理解對方，原本的壞印象也會持續減少，所以，雙方應該試著多給彼此機會去表現各自的優點，如此一來，愛苗就有空間慢慢滋長了。

讓雙魚動心的祕技 浪漫溫柔，主動，體貼。

讓雙魚窩心的禮物 手製卡片、花、水晶飾品、巧克力、宗教飾品。

讓雙魚開心的場所 海邊、有月光的公園、動物園、靈修場所。

12 星座之天使與魔鬼

天使牡羊：熱心，真誠

魔鬼牡羊：粗暴，衝動

天使金牛：溫柔，可靠

魔鬼金牛：頑固，耍牛脾氣

天使雙子：風趣，資訊達人

魔鬼雙子：花心，沒原則

天使巨蟹：奉獻，善解人意

魔鬼巨蟹：濫情，猜疑

天使獅子：大方，誠懇

魔鬼獅子：權勢，剛愎自用

天使處女：服務，負責

魔鬼處女：批判，規矩多

天使天秤：優雅，妥協

魔鬼天秤：推拖，好逸惡勞

天使天蠍：專心，堅持

魔鬼天蠍：嫉妒，報復

天使射手：開朗，直率

魔鬼射手：直言，不切實際

天使摩羯：勤奮，謙遜

魔鬼摩羯：刻板，現實

天使水瓶：創新，人道精神

魔鬼水瓶：抽離，冷漠

天使雙魚：愛心，關懷

魔鬼雙魚：混沌，說謊

PART 5

12 種上升星座，12 種射手

除了基本的太陽星座，

上升星座在深入探討性格時也會被談到，

它會影響了個人的相貌特徵和外型氣質，

還包括呈現給別人看的性格面具。

上升星座查詢連結（需要輸入出生年月日時間及地點）

https://www.astrotw.com/horoscope/asc

上升星座落在牡羊的射手

上升牡羊的相貌特徵

- ☆ 頭部比例明顯較大
- ☆ 不高大，但具結實感
- ☆ 手掌和腳掌比例較小

上升牡羊的外型氣質

- ☆ 精力旺盛，急躁直率
- ☆ 眼神中透出天真單純的氣息
- ☆ 直言，自然，不做作

上升牡羊的人，就像不經困境、不克服挑戰就覺得不夠痛快的勇士，精神振奮、生氣勃勃，全身散發著旺盛的精力和無懼的勇氣，行動迅速

敏捷，隨時處於征戰狀態，有強烈的競爭和好戰意識，見一個打一個、見兩個打一雙，企圖以具體行動來證明自己的實力。

上升星座落在牡羊的射手，整個人生主軸除了快樂，還是快樂，好像已經沒有第二件事可做了，無時無刻處於開心的氛圍裡，是一個有本事把大事化小、小事化無的人。

雖然本身散發的熱情猶如豔陽，任何人一靠近，都能感受其強大的渲染力，烏雲馬上變成晴天，黑白立刻變成彩色，但是，誇張的動作做多了、傷人的直言說多了，也會令人厭煩和嫌惡，最好適可而止。

興趣廣泛，對所有事都充滿好奇心，什麼都想嘗試，勇敢、活力充沛、具有冒險精神，可惜，對每件事都只有三分鐘熱度，蜻蜓點水後便一去不回頭，最後勢必一事無成。

上升星座落在金牛的射手

上升金牛的相貌特徵

- ✪ 身材比例均勻而厚實
- ✪ 下巴、脖子的線條優美
- ✪ 成年後有容易變胖的傾向

上升金牛的外型氣質

- ✪ 溫和，不多話
- ✪ 情緒穩定，動作緩慢
- ✪ 有時會顯露出無辜的模樣

　　上升金牛的人，讓人感覺穩重溫和、緩步優雅，做起事來不疾不徐，既不懂得趨炎附勢，也不隨波逐塵，有自己的步調節奏和原則方法，凡

事強調事前規畫與嚴格執行，絕不會讓怠惰壞了大事；喜歡一切與美麗有關的事物、氛圍、感覺，具有一定程度的生活品味。

上升星座落在金牛的射手，從熱情奔放的本質裡，透出自我把持的平衡力量，每當因情緒高漲或外力刺激而得意忘形時，自然會有發自內心的聲音，提醒自己「收斂些！冷靜些！」避免失控而引起麻煩。

常有省小錢、花大錢的情形發生，一遇到自己喜歡的東西就心花怒放，完全忘記考慮價錢，有衝動購物的傾向，但在日常生活中某些必要的花費，又過度節儉，是一個不善於理財的人。

擅長鑽研學問，興趣廣泛，對任何人事物和現象都有探索的好奇心，一旦深入某一項研究，不僅能引經據典、旁徵博引，更可同時兼具廣度的延伸，智慧過人。

上升星座落在雙子的射手

上升雙子的相貌特徵

☆ 肩膀寬厚，肩線明顯

☆ 手指靈活或比一般人長

☆ 大多有視力的問題

上升雙子的外型氣質

☆ 反應靈活，動作敏捷

☆ 表情多，愛說話，且速度很快

☆ 情緒變化快

上升雙子的人，反應靈巧機敏，頭腦轉速是他人的好幾倍，對於周遭人事物的感知力甚強，隨機應變、見風使舵是不費吹灰之力就能運用得宜的拿手絕活；聰慧俐落、點子多，對於知識與資訊的吸收消化能力特別強，經常在團體中扮演訊息交換者的角色。

上升星座落在雙子的射手，生命的主軸在於對知識的追求、探索與應用，隨時都在接收訊息和探究學問，範圍不拘、領域不限，對於任何人事物都有興趣，唯獨受不了有壓力的學習，寧願放棄。

熱愛自由，對於規定、框架、包袱之類具有壓制性的感覺十分反感，原本可以有一百分的表現，一旦被限制，不僅成績大打折扣，甚至可能一敗塗地，是一個在乎自我感受、不在乎世俗眼光的人。

全身散發正面的能量，把每一天都過得快樂、有趣、豐富，而且還能把這股熱情傳遞給周遭的人，所到之處，無不充滿歡樂氣氛，被大家公認為最會製造笑料的開心果，人緣極佳。

上升星座落在巨蟹的射手

上升巨蟹的相貌特徵

- ⭐ 胸部寬厚、凸顯
- ⭐ 皮膚細緻，身材豐腴，屬易胖體質
- ⭐ 重心在上半身

上升巨蟹的外型氣質

- ⭐ 眼神明亮，含水感
- ⭐ 情緒起伏大
- ⭐ 沒有侵略性

上升巨蟹的人，給人一種害怕陌生、畏縮膽怯的印象，但本身親和力十足，總是在他人低潮受困時大方伸出援手；對於喜樂哀怒的情緒轉換掌控制能力不佳，易情緒化；重心大多放在自己家庭，或與家庭有關的事務上，例如為家人打理大小事宜，甚至為家人犧牲奉獻等等。

　　上升星座落在巨蟹的射手，是一個熱忱待人、心胸寬大、天真善良的人，相信人性本善，相信真誠的對待可以換來同樣的情感，所以也就特別容易屈服於眼淚攻勢，或被裝可憐的把戲欺騙。

　　不夠勇敢、持續力不足，只要遇到困難或麻煩事，就開始心浮氣躁，滿腦子想的都是如何逃避逃離，以為躲得遠遠地，一旦時間過去了，問題自然會迎刃而解，沒有扛起責任的勇氣。

　　一個是疑心病重、防衛心強，一個是神經大條的直腸子、不管和誰都可以東聊西扯的樂天派，

兩種特質融合之後，就變成了隨和但不隨便、外放但不踰矩、玩樂但不過火的中庸表現。

🐻 上升星座落在獅子的射手

上升獅子的相貌特徵

- ★ 頭較大，頭髮自然捲，肉結實
- ★ 眼睛大而圓，且眼角向上揚
- ★ 成年後有容易變胖的傾向

上升獅子的外型氣質

- ★ 眼睛炯炯有神，氣勢凌人
- ★ 光明磊落，精神奕奕
- ★ 開朗，愛表現

上升獅子的人，自認是天生活在舞台上、被聚光燈追著跑、擁有眾多支持者的王者，活力充沛、自信滿滿、開明華麗，隨時隨地都在想辦法

引起他人的注意，自尊心十分強盛；領導才能凸顯，而且架勢十足，自願扛起指揮坐鎮的重責大任，同時享受被人愛戴尊崇的榮譽。

上升星座落在獅子的射手，猶如五月的豔陽天，風和日麗，開朗奔放，讓人心情愉悅，本身即具有產生正面能量的特質，而且感染力十足，有能力讓身邊的人跟著改變，轉而迎向陽光。

樂觀勇敢、坦誠率真，不喜歡處理枝微末節的瑣事，把心思都放在訂定大方向和實際的行動力上，即使處於氣氛低迷、情況窘迫的環境裡，仍然對未來懷抱著希望，像一隻打不死的蟑螂。

似乎自信過了頭，一不小心就變成一個不知天高地厚的自大狂，眼睛長在頭頂上、對人說話不客氣、喜歡占上風，在人際關係方面經不起考驗，很快就會從萬人矚目的焦點，變成萬人嫌棄的逞強者。

上升星座落在處女的射手

上升處女的相貌特徵

- ☆ 骨感，身材比例細緻
- ☆ 下巴較尖或較瘦，嘴巴較小
- ☆ 屬於乾性膚質

上升處女的外型氣質

- ☆ 清爽整齊，有禮貌
- ☆ 拘謹，小心翼翼
- ☆ 隨時注意任何細節

上升處女的人，端莊有禮、心思細微、嚴謹務實、認真負責，符合一般社會化標準的期待，容易給他人留下良好的第一印象；組織力和分析

力特別強，可以在極短的時間內，把一件事從亂無章法整理成井然有序的系統化，被公認為精練能幹的效率達人。

上升星座落在處女的射手，一個是處處小心、時時注意的節制者，一個是放聲大笑、隨意放鬆的自由者，兩種特質交雜融合後的感覺有些怪異，但還好在知識汲取方面的方向是一致的。

只要是該做的、必須做的，就立刻展開行動，絕不拖拖拉拉，但也不是胡闖亂撞，而是經過縝密思考和精確設計，對於成功有高度把握了，才踏出紮紮實實的第一步，努力往目標邁進。

平時只談玩樂、只要悠閒，痛恨緊湊、緊張和緊繃，最好把時間統統忘掉，過著寒盡不知年的隨興生活，但一遇到該清醒的時候，也能立刻集中精神，正經八百地做事，是一個有能力、也有實力的人。

上升星座落在天秤的射手

上升天秤的相貌特徵

- ✪ 身材適中，骨架勻稱
- ✪ 下巴多有稜角，雙唇飽滿
- ✪ 穠纖合度，不易過胖或過瘦

上升天秤的外型氣質

- ✪ 舉止優雅得體
- ✪ 有親和力，給人舒服的感覺
- ✪ 口才好，具社交手腕

上升天秤的人，優雅迷人、強調公平原則、善於社交，除非遇到過於不合理的狀況，否則大多會選擇配合他人，以避免製造不愉快的爭端；必須存在於人群團體之中，才會有安全感，無論做什麼都喜歡有人陪伴，藉著與他人的互動，感受自身的需求與心理狀態。

上升星座落在天秤的射手，雖然才華洋溢、能力過人，卻沒興趣用這些天份與其他菁英高手較量，以爭得社會地位或響亮名聲，一心只想過著簡單快樂的生活，玩樂第一，休息第二，工作最後。

自知是一個沒有時間觀念、不喜歡爾虞我詐、討厭複雜麻煩的人，所以乾脆把所有責任都推得一乾二淨，即使有人捧著大把鈔票或提出誘人的條件來請託，仍不為所動，寧願用一切來換取自由。

對於任何事都抱持著好奇心，不僅學習力強，而且十分好學，經過長時間累積，自成一套獨立的知識系統，建構在腦海裡，可隨時存取使用，讓人留下學問廣博、資訊豐沛的正面印象。

上升星座落在天蠍的射手

上升天蠍的相貌特徵

✪ 沒什麼腰身，臀部豐滿

✪ 毛髮烏黑又濃密

✪ 眼神深邃神秘

上升天蠍的外型氣質

✪ 獨特的神秘魅力

✪ 話不多，冷酷靜默

✪ 性感，悶騷

上升天蠍的人，習慣將真正的情緒藏於內心，外表冷靜內斂、沉著鎮定，與他人之間彷彿隔著一道銅牆鐵壁，堅硬厚實，難以攻破；獨特的神祕魅力、堅忍不移的專注力、無法撼動的意志力，組合成一股凡人難敵的吸引力，靜謐卻幽遠地影響著身邊的每一個人。

上升星座落在天蠍的射手，一個是喜歡躲在黑暗裡的冷酷者，一個是喜歡享受陽光的熱情派，彼此的衝突性很高，內心充滿矛盾，外表沉默不代表內心幽暗，只是不知如何表達，才能讓人瞭解。

直覺力很強，無論是單一現象或連續事件、單一個體或群體關係、單一問題或交叉比對，都可在極短的時間裡洞悉一切來龍去脈，很適合從事偵察或調查之類的工作。

喜歡求證、瞭解真相、挖掘內幕，一旦決定

深究一門學問，不管難度有多高、過程有多複雜，
都會把它鑽研到通透入裡，不到搞懂的那一刻，
絕不放手，是一個具有研究精神的人。

上升星座落在射手的射手

上升射手的相貌特徵

- ✪ 身材重心在下半部
- ✪ 大腿特別結實
- ✪ 怕熱，容易出汗

上升射手的外型氣質

- ✪ 帶著一點喜感，很開心
- ✪ 笑聲大，笑容燦爛
- ✪ 粗線條，常跌倒或打翻東西

上升射手的人，永遠是那麼快樂無憂、精神奕奕、瀟灑自在，雖然也常被粗心大意或隨興而起的性格所害，但終究是一個樂觀主義者，所有煩惱皆能轉頭就忘，完全不留痕跡；喜歡學習、交朋友和旅行，善於發揮正面的能量，並努力以行動實踐自己的理想。

上升星座落在射手的射手，就像永遠長不大的大頑童，把快樂當成食物，把開心當成衣服，把好奇當成柺杖，雲遊四海、行遍天下，沒有掛心煩惱的事，敞開心胸，擁抱世界，當一個無憂無慮的旅人。

雖然，在朋友眼中是開心果、是樂觀使者、是充滿希望的理想主義實踐者，但卻時常因為說話誇大不實，做事不夠負責任，而讓人對其原本的良好印象大打折扣。

坦率真誠、沒有心機、樂於助人，是值得付

出情感深交的好友類型；思想正向、行動力強，是值得大家學習的榜樣。不過，缺乏耐心、玩心太重、做事沒有計畫，則是自身必須加強檢討與改進的部分。

上升星座落在摩羯的射手

上升摩羯的相貌特徵

★ 骨架大，肌肉結實

★ 皮膚顏色較深，髮質較粗

★ 身材大多屬於清瘦型，不
   易發胖

上升摩羯的外型氣質

★ 嚴肅，表情不多，沉靜

★ 帶著一股憂鬱氣質

★ 少年老成的模樣

上升摩羯的人，外表看起來比實際年齡成熟，散發一種不開心的憂鬱特質，讓人覺得拘謹嚴厲，不易親近；做事循規蹈矩、勤奮不懈、嚴守分際，標準的實際主義者，不浪費時間在沒有實質獲利的事情上，付出一分耕耘，就要有一分收穫，不佔人便宜，但也不吃虧。

　　上升星座落在摩羯的射手，雖然骨子裡還是喜歡自由自在、不受管束的感覺，但卻懂得分寸，知道要看場合表現，該放鬆的時候放鬆，該嚴肅的時候嚴肅，表現得宜，令人讚賞。

　　有時過於有自信，有時過於沒自信，呈現兩種極端的反應，自己也覺得不知如何是好，每次想要使盡全力應戰時，突然就有一股力不從心的感覺油然而生，必須經過一段時間的休養生息，才能慢慢恢復。

　　雖然，本身還是有缺點需要改進，或是某些

弱點需要克服，但大體來說，已經具備不少成功的條件，只要將原有的優勢發揮到極致，就能一步步接近夢想，成為高舉勝利旗幟的幸運兒。

上升星座落在水瓶的射手

上升水瓶的相貌特徵

⭐ 身材比例姣好

⭐ 手和腿的曲線優美

⭐ 皮膚細緻白晰

上升水瓶的外型氣質

⭐ 帶著靈氣的獨特美感

⭐ 思緒清晰，說話條理分明

⭐ 冷靜，有自己的想法

上升水瓶的人，低調冷漠、古怪獨特，不喜歡惹人注意，總是站在遠離核心的邊陲地帶，以冷眼旁觀的姿態看著一大群行為模式相同的人，

我行我素，需要百分之百的自由；對於與人類福祉相關的活動特別熱中，是一個極具博愛精神的人道主義者。

上升星座落在水瓶的射手，一個冷靜孤僻，話都放在心裡，懶得跟別人說，一個熱情奔放，藏不住祕密，一天到晚忙著跟別人分享，兩者基本特質衝突，少數的共同點則是凡事從大處著眼與熱愛自由。

喜愛旅行、喜歡接觸新鮮事物、樂於和三教九流交往，而且越是奇怪詭異的事物，興致越是濃厚，在探索搜奇的過程中享受冒險犯難的刺激感，同時也藉以體驗生命真諦。

只做自己有興趣的事，其他一概不理，即使這件事攸關名譽、財富、成敗等重大影響，還是可以一派輕鬆地自行其事，是一個把喜不喜歡放在第一位，而不管事情輕重緩急的人。

上升星座落在雙魚的射手

上升雙魚的相貌特徵

★ 頭的比例較小，髮質柔細

★ 眼睛大，但是無神

★ 膚質好，腿細長

上升雙魚的外型氣質

★ 眼神時而迷濛、時而無辜，
  很會放電

★ 夢幻，膽怯，心不在焉

★ 情感豐富，易被影響

上升雙魚的人，愛幻想、情感豐沛、靈氣逼人，散發著惹人憐愛的溫柔氣質，對於音樂和藝術的感受力遠遠超越一般人，但容易產生悲觀的想法，自信不足，怯懦膽小；配合度高，沒有強烈的企圖心，不喜歡沉重的責任和競爭的壓力，追求形而上的精神生活。

　　上升星座落在雙魚的射手，對於宗教和追求真理有不滅的熱情，是一個心地善良、光明磊落的人，遇到弱者或失意者會特別照顧，不僅給予實質幫助，還灌輸正確的信念，讓對方有能力重新振作。

　　在玩樂中、在與人互動中、在生活經驗中，體驗人生哲理與體悟宇宙真理，是一個知識涵養深、見聞廣博的人，但是只要一談到工作或有壓力的事情時就想逃避，缺乏堅忍不拔的精神。

　　心思單純、心地善良，一看到什麼或聽到什

麼，就認為是什麼，從不去想背後的動機，以致於常因為太相信他人而受到傷害，而且總是讓事件一再發生，學不到應有的教訓。

PART 6

怎麼辦？射手～

人不可能永遠遇到好人或只與自己契合的人相處，

一旦遇到令自己覺得不舒服、厭惡、痛苦的人，

該怎麼辦呢？

這裡的求生術將帶你脫離苦海，

打造美麗人生！

遇到自我牡羊，怎麼辦？射手～

　　牡羊一向只看自己想看的、只聽自己想聽的，把別人的意見當耳邊風，視他人的需求如垃圾糞土，彷彿活在用銅牆鐵壁築起的自我世界裡，除非牡羊自己有意願走出那個大門，否則就算祭出火力驚人的砲彈火箭，也是徒勞無功。牡羊雖有無窮的精力和熱情，但全都是投己所好，其他人只有跟隨在後的份兒，別想另外撈到半點好處。

　　射手總是隨心所欲、自由自在，一心追求自己的理想，對於規則視若無睹，不受任何界限、框架的約束，而牡羊同樣也是一個以自我為中心的人，不管別人的需求，只在乎自己想要什麼。

　　當射手遇到牡羊時，所迸出的火花是很極端的，不是相知患難，就是互看不順眼，所以必須培養一進一退的默契，才能和睦共處。

遇到沒幽默感金牛，怎麼辦？射手～

金牛喜歡專一單純的感覺，認為把一件事做到一百分，勝過同時處理三件事，但卻都只有七十分，還來得令人安慰、振奮，這就是金牛獨有的專注特質。然而，心無旁騖的結果，卻讓金牛一頭栽進眼前的事物和工作，視野局限、意念僵化、靈活度不足，總是讓人覺得過於正經、嚴肅拘謹，而且話題貧乏，沒有幽默感。

射手是標準的笑話王，不但心情高昂的時候講個不停，低潮時更把笑話當成百憂解，除了自己開心，也達到大家同樂的效果，而金牛一向言少木訥，對於幽默感這類較高難度的表達技巧是很陌生的。

當射手遇到金牛時，不要因為對方的反應平淡就轉頭走人，其實對方心裡是喜悅的，只是不擅言辭，必須藉由時間來累積和培養。

遇到圓滑雙子，怎麼辦？射手～

雙子的機智和靈巧，簡直是渾然天成，毫無破綻，從思考速度、說話方式，到隨時隨地的反應，都讓身歷其境的人不得不拍手叫好，別人是舉一反三，雙子是舉一反十，無論存在任何時空或狀態，都可應變自如，把死的說成活的、把黑的辯成白的，好像考不倒的魔術師，不管題目再怎麼難、觀眾的要求再怎麼奇異，都能玩出令人驚豔的花招。

射手與人為善，喜歡結交朋友，和一個陌生人見面三分鐘，就像認識了三個月，直率坦白、樂觀開朗，而雙子擅長周旋於人群，為的是要賣弄所學、廣布是非，把資訊交換當成遊戲，並無特定立場和目的。

當射手遇到雙子時，說話必須學著收斂謹慎些，否則說者無心、聽者有意，一不小心成為他人利用的工具，可就得不償失了。

遇到情緒化巨蟹，怎麼辦？射手～

巨蟹的心思細膩敏感，尤其對於人性的感受力特別強，在群體之中，只要有人稍有不對勁的情緒，巨蟹連問都不用問，就能精確透析內幕，並表達關懷之意，讓人覺得十分窩心。但也因此，巨蟹的情緒起伏總是比一般人來得明顯許多，有時起因是自己的心結關卡，有時則是他人的情緒波及，使得自己的心情始終覆蓋著一層飄忽不定的陰影。

射手的情感是直接而自然的，腦子裡想十句話，嘴裡就說十句話，心裡開心，嘴角就是上揚的，但巨蟹的情緒卻總是處於上下反覆的狀態，別人覺得捉摸不定，自己也控制不了。

當射手遇到巨蟹時，偶爾傾聽、偶爾說笑，可舒緩對方情緒，但如果能多用正向力量消弭對方的負面情緒，彼此情誼勢必迅速加溫。

遇到愛面子獅子，怎麼辦？射手～

獅子自認為是尊貴的王者，把重視排場、指使別人、坐享其成當作是天經地義的事，尤其與名譽榮耀有關的事，更是在意至極，絕不容許有落人口實或臉上無光的事情發生。獅子是標準地吃軟不吃硬，喜歡我強、對方弱的組合，即便獅子因此需要多花一些心力去保護或關照對方，也覺得樂在其中，因為那可是能力和權力的最佳表徵啊！

射手雖然積極、行動力強，但對於名利地位卻不是那麼重視，比較在意過程而不是結果，但獅子的所有努力都是為了贏得掌聲和權位，面子的重要性絕不亞於生命，有時候甚至是超越的。

當射手遇到獅子時，雙方目標雖不同、為人處世的方法也有異，但都算性急的行動派，只要懂得尊重對方、不強硬，就能相處愉快。

遇到挑剔處女，怎麼辦？射手～

處女凡事都往最細小、最精微的地方鑽，整個人就像一支千倍放大鏡加高速雷達，無時無刻對周遭的人事物進行最高等級的偵測，只要出現一點點誤差，哪怕是零點零幾，同樣毫不留情的揪出來，嚴加檢討、擬訂改進方案，並澈底執行。處女的挑剔成就了自己認真務實、負責任、高效率的好口碑，但也在人際互動上形成一道看不見的障礙。

射手行事風格大刺刺、不拘小節，無論做什麼事都覺得開心最重要，失敗了可以再努力、做錯了可以再改正，何必掛心傷神，而處女則只看細節、專挑細處，一絲不苟，絕不馬虎。

當射手遇到處女時，對方叨念瑣碎，難免令人心煩，但對方並非惡意找碴，只要做到適度配合、不過分放任，緊張氣氛就可順勢化解。

遇到鄉愿天秤，怎麼辦？射手～

　　天秤一輩子最怕的事就是得罪別人，不管誰對誰錯、是非黑白，反正就是無法接受尷尬或緊張的人際關係，寧願自己鞠躬哈腰、居中協調、四處勸說、陪笑裝低姿態，也不能讓自己的形象被任何一個人扣到分數，耗盡所有能量、用盡所有人情、拚盡所有力氣，就是為了營造美好的門面與一團和氣的舒適氣氛。

　　射手沒想過要配合任何人，一心只想講有趣的笑話和驚奇的遊歷，毫無察言觀色的能力，更不懂得站在別人的立場思考，而天秤則處處周延、事事圓融，想討好所有人，讓每個人都相處融洽愉快。

　　當射手遇到天秤時，只要做好活絡氣氛、炒熱場子的工作，別口沒遮攔地直言傷人，就等於幫對方一個大忙，可讓彼此關係增溫不少。

遇到心機重天蠍，怎麼辦？射手～

　　天蠍冷靜不躁進、思路清晰、耐性悠長、方向明確、心意篤定、下手快狠尖利，老實說，要成為一個攻於心計且萬無一失的謀略家，天蠍確實擁有別人學不來也趕不上的優異天賦。任何蛛絲馬跡都逃不過天蠍的視覺、聽覺和感覺，而且天蠍能忍又能等，總是在檯面下作業，不到最後出手的那一刻，絕不打草驚蛇，可說心機冠天下。

　　射手是一個沒心機的人，眼睛看到什麼就信什麼，不疑有他，就算因此被陷害也學不到教訓，仍願意相信人性本善，但天蠍則認為人性本惡，時時刻刻都在提防、猜測和思慮謀略，深怕吃虧受害。

　　當射手遇到天蠍時，對方或許一時無法相信這世上真有坦蕩樂天的人，但日久見人心，對方終有卸下心防、坦誠以對的一天。

遇到理想化射手，怎麼辦？射手～

射手容易顯露理想化的毛病，但與做白日夢不同，所以更精確的說法應該是射手愛畫大餅，而且總是過度樂觀。射手一向走現學現賣、船到橋頭自然直的即興路線，懶得規畫，也不想花時間做事前準備，對自己的能力很有把握，從不知「仔細謹慎」這四個字怎麼寫，往往冒險過了頭、栽了跟斗，才會對收斂的人生哲學略有體悟。

射手凡事想得開，事情還沒發生前，想像得美妙完好，即使問題已經來到眼前，仍無視危機之害，甚至到最後失敗結果已定，還是可以樂觀面對，期許下一次的成功，可見其樂天性格，無人能敵。

當射手遇到射手時，最好把兩人設定的理想拿去和不同個性、領域的人聊聊，聽取各方意見，以免自得其樂了半天，下場卻是一場空。

遇到無趣摩羯，怎麼辦？射手～

摩羯熱愛工作到了連旁人都看不下去的地步，每天一睜開眼想到的是工作，走路、吃飯、睡覺也不例外，假日時只要沒有事先安排活動，就會忍不住把工作拿出，立刻進入狀況，變身為工作狂人，而且，摩羯特別重視進修，在扣除工作之後所剩不多的時間裡，總是不斷看書、研究，活生生就是一個玩樂絕緣體。

射手最拿手的絕活除了講笑話之外，就是找樂子、玩遍天下，每天過得多彩多姿，絕不會有悶得慌的時候，而摩羯一向缺乏生活情趣，唯一能激起熱情的只有工作，玩樂休閒則被視為是浪費時間的事。

當射手遇到摩羯時，不要任意批評對方的性格，應該想辦法帶動對方，並給予足夠的時間，當對方感覺到誠意，彼此關係就會大不同。

遇到冷漠水瓶，怎麼辦？射手～

水瓶習慣冷眼旁觀、抽離人群的生活模式，學不會熱情，也不可能主動示好，害怕長期且過度融入某個團體、執著於某個想法，或是和某人太過親暱的感覺，那會讓水瓶覺得自己很蠢、很沒風格，所以特別堅持看事情要保持一定的距離，才不致於產生盲點或同流合污，與人相處更需保留適度空間，省去不必要的麻煩。

射手熱情有勁，有用不完的精力，全身上下充滿了光和熱，是一個會主動伸出援手、隨時都能帶給他人快樂與希望的人，而水瓶則習慣離群索居，大多時候的反應都是冷淡漠然，情緒少有波動。

當射手遇到水瓶時，不妨盡情表現開朗奔放的一面，幾次相處後，對方一定會被熱情感染，雙方關係破冰，漸漸融入溫熱的情誼之中。

遇到膽小雙魚，怎麼辦？射手～

雙魚缺乏勇氣，沒有安全感，經常活在擔心受怕的情緒之中，明明眼前一片坦途，卻老是覺得危機四伏，明明已經做好萬全的準備，卻仍然憂心忡忡，導致往往還來不及行動就退縮或裹足不前的情形，成不了大事，只能跟隨別人的腳步，表面上讓人覺得配合度極高，十分隨和，其實是一個無法擁有自我想法的背後靈。

射手不僅動作誇大，膽子更大，說到冒險犯難，一定搶第一個報名，對於高難度的挑戰，更是躍躍欲試，毫無懼色，而雙魚則天生膽小怯懦，一有風吹草動就嚇得不知所措，上不了大場面。

當射手遇到雙魚時，想辦法保護身處危及的對方，講笑話為心情低落的對方排憂解悶，只要多一些關心呵護，對方的回報將是數倍。

12星座不易被發現的隱藏性格

牡羊 習慣逞兇鬥狠的牡羊，真要哭起來，猶如天崩地裂，挺嚇人的！

金牛 肢體不靈活的金牛，如果有高人指點，有機會變身為舞林高手。

雙子 好像可以同時處理好幾件事的雙子，其實瞎忙的成份比較高。

巨蟹 多慮膽小的巨蟹，一旦犧牲奉獻，則勢如破竹、勇氣過人。

獅子 愛熱鬧的獅子，也會有不愛搭理別人的自閉傾向。